Choisir son N°2

Éditions d'Organisation
1, rue Thénard
75240 Paris Cedex 05

Consultez notre site :
www.editions-organisation.com

Marie-Josée Bernard et Paul-André Faure

Choisir son N°2

Préface de Sylvie ROUSSILLON
Professeur à l'EM LYON

Éditions
d'Organisation

PRÉFACE

Savoir s'entourer a longtemps été considéré comme un talent distinctif de tout bon dirigeant!

Le choix d'un N°2, c'est-à-dire le choix de son ou ses plus proches collaborateurs, est certainement une des décisions d'investissement les plus importantes pour un dirigeant comme pour l'entreprise : son impact sera à la mesure des responsabilités qui lui seront confiées et sa réussite viendra autant de ses compétences que de la qualité de sa collaboration avec le N°1.

Curieusement, il n'existe pas d'ouvrage de référence sur le sujet en langue française : le livre réalisé par Marie-Josée Bernard et Paul-André Faure vient très heureusement combler cette lacune et proposer un instrument de travail indispensable à tous ceux, dirigeants propriétaires comme dirigeants salariés qui sont confrontés à cette question capitale.

On peut s'étonner du peu de réflexions théoriques et de la faible diffusion des pratiques sur un sujet aussi fondamental mais les raisons existent.

Tout d'abord, la spécificité du choix d'un N°2 est trop souvent ignorée soit au profit de la dimension technique et ce recrutement est traité comme tous les autres, soit il est considéré comme un acte « intuitu personae », le fait du prince qui ne prend en compte que la relation humaine, l'envie de se faire confiance et de travailler ensemble.

Ces deux approches sont dangereuses : quand on traite ce recrutement comme un autre, on sous-estime dangereusement la remise en question qu'il implique pour le dirigeant et son équipe proche, quand le dirigeant se contente de suivre ses envies et son intuition, il risque des déconvenues graves du fait du manque de préparation de son choix : le pouvoir de séduction d'un futur N°2 est parfois mauvais conseiller !

Une seconde raison réside dans la difficulté qu'éprouvent les entreprises à consacrer réellement du temps et de l'energie aux ressources humaines ! ceux qui sont convaincus que les hommes sont des ressources vitales pour la réussite de l'entreprise sont encore trop minoritaires et plus encore, ceux qui admettent qu'il existe des méthodes et des démarches efficaces dans ce domaine, que l'intuition et le bon sens sont certes indispensables mais pas plus suffisants qu'en finance ou en marketing !

L'ouvrage de Marie-Josée Bernard et Paul-André Faure met clairement en évidence l'originalité de ce recrutement. Plus que tout autre, il demande rigueur et intuition dans l'analyse, une analyse qui porte autant sur les besoins de l'entreprise en fonction de sa stratégie, que sur les caractéristiques spécifiques du dirigeant lui-même.

Nourri de l'expérience des auteurs en matière d'accompagnement de dirigeants dans la réalisation du projet d'entreprise qui leur tient à cœur, il montre comment intégrer dans le choix du N° 2, les spécificités du projet personnel d'évolution du dirigeant, ses valeurs, le type de complémentarité qu'il souhaite instaurer, ce qu'il est prêt à lâcher comme pouvoir, ce qui lui permettra de rester en confiance quand il aura délégué de nouvelles responsabilités.

Il présente également et de façon très précise, les différents modes de recherche de ce collaborateur si particulier, pour faciliter le choix de la démarche pertinente et son efficacité.

Destiné à tous ceux qui décident d'investir dans le choix d'un N° 2, ce livre n'oublie pas qu'un bon N° 2 choisit son patron autant qu'il est choisi !

Sylvie ROUSSILLON
professeur à l'EM LYON

SOMMAIRE

Partie 2
Recrutez votre N°2 et réussissez votre choix

INTRODUCTION

CHOISIR SON N° 2

Pourquoi nous intéresser à la problématique du choix du « N°2 » ?

Tout simplement parce qu'elle représente une préoccupation concrète des chefs d'entreprise, qu'ils soient propriétaires de leur entreprise ou directeurs généraux ou secrétaires généraux, des directeurs administratifs, financiers, commerciaux, marketing ou qualité, des responsables d'unités, d'activités, de filiales, de départements, d'équipe.

Notre propos est de donner à chacun des repères concrets, des réponses sous la forme d'une démarche à la fois globale et détaillée pour réussir cette étape clef du développement de leur organisation.

Ce livre se veut à la fois pratique, structuré et structurant, pour tous ceux qui sont à la recherche d'une approche qui les aidera à bâtir leur propre démarche, dans leur entreprise, de façon cohérente.

Il s'adresse à tous ceux qui pensent que les hommes font la force des organisations et mettent volontairement la dimension humaine au centre de la problématique de développement de ces dernières.

« Choisir son numéro 2 » : présuppose une réflexion stratégique avec des choix d'engagements.

Cette étape clef pour l'entreprise n'est pas la seule réponse possible. Si elle est retenue, elle doit être pensée comme une opportunité créatrice d'efficacité. Elle nécessite de la rigueur, la mise en place d'une démarche globale, précise, et adaptée.

Quel dirigeant, quel responsable n'a pas été ou ne sera pas confronté à la question du choix de son numéro 2, de son « bras droit » ?

Il s'est alors lui-même posé les questions suivantes :

- Qui?
- Pour quoi?
- Comment?
- Quels enjeux réels directs et indirects?
- Que faire, ou ne pas faire…?

Nous avons écrit cet ouvrage à deux mains en conjuguant nos spécialités, complémentaires dans nos disciplines, nos métiers et nos sensibilités.

Ainsi, cet ouvrage a pour vocation de vous permettre de :

- réussir un investissement qui crée de la valeur pour votre entreprise,
- franchir des étapes de développement,
- limiter vos risques,
- gagner directement pour vous de la liberté et des marges de manœuvre,
- vous éclairer sur les étapes clefs,
- vous aider à vous situer au cœur d'une démarche,
- vous donner des «outils»,
- vous ouvrir des horizons,
- vous apporter des réponses et des solutions.

Trop d'échec, trop de gaspillage de talents internes ou externes, trop de «casse humaine», directe et indirecte en raison de démarche partielle, ou «polluée» trop de stress, trop d'argent mal dépensé!

Ce livre se compose en deux grandes parties. La première «créez les conditions de votre réussite» vous permettra d'analyser votre situation et de préparer votre choix, la seconde «recrutez votre N°2» vous permettra de réussir votre choix.

Nous vous en proposons simultanément deux lectures :

- une lecture linéaire et chronologique qui permet d'utiliser le livre comme un outil;
- une lecture circulaire, récursive, globale dans laquelle le tout est dans la partie et la partie est dans le tout, qui donne au sujet une dimension beaucoup plus large touchant au métier même de dirigeant et de responsable, à ses responsabilités et ses paradoxes.

La position de chacun face à la question du choix du N°2 peut être au fond très différente. Mais quelle qu'elle soit, il s'agit d'un acte de management «capital», c'est-à-dire étymologiquement, de «tête», de chef, donc de N°1.

C'est un acte majeur de management. «Recruter est un acte sacré» avons-nous entendu dire un grand dirigeant, lors d'une conférence. Il parlait du recrutement en général, qu'aurait-il dit pour le choix de son N°2 ?

Instinctivement, chacun sent bien que choisir votre numéro 2 est un acte à ne pas manquer !

Notre ambition dans ce livre est de proposer des «clés» pour réfléchir et agir, préparer et réussir le choix du N° 2.

Partie 1

CRÉEZ LES CONDITIONS DE VOTRE RÉUSSITE

ANALYSEZ VOTRE SITUATION ET PRÉPAREZ VOTRE CHOIX

DONNEZ-VOUS LES BONS REPÈRES POUR COMPRENDRE L'ENVIRONNEMENT DE VOTRE DÉCISION FUTURE

1. UNE DÉCISION STRATÉGIQUE ET MANAGERIALE

L'entreprise est un milieu vivant, un «corps» vivant, qui ne cesse d'évoluer, de traverser des étapes de croissance, de stabilisation, de rupture, de renaissance, d'incertitude, de repositionnement permanent.

La réflexion sur le N° 2 concerne toutes les entreprises : les entreprises de taille moyenne qui ont le souci de leur développement, les filiales de grands groupes qui recherchent la plus grande efficacité managériale, et doivent faire des choix d'équipes dirigeantes capables d'assurer leur développement et les entreprises familiales dans de nombreuses circonstances.

Les entreprises familiales qui représentent une part importante du tissu économique français, et développent beaucoup de créativité face à un environnement complexe, se trouvent particulièrement concernées par le choix du N°2. Notamment dans une démarche d'anticipation de la croissance et de l'expansion de l'entreprise, dans la préparation du départ du dirigeant, lors des choix de stratégie de transmission ou parfois de manière brutale lorsque le dirigeant disparaît, ou se trouve dans l'incapacité d'assumer ses responsabilités.

Le choix du N°2 est souvent lié à la conception même du pouvoir du dirigeant ou de l'équipe dirigeante, ainsi qu'à sa volonté d'anticiper les étapes d'évolution de son entreprise.

1.1 Dans quel contexte la question du choix du N° 2 se pose-t-elle ?

La question du choix du N°2 peut se poser dans tous les contextes d'entreprises :

- dans une PME.
- dans une filiale d'un grand groupe.
- dans une holding.
- à la tête d'une business-unit.

- à l'intérieur d'un département.
- dans une direction opérationnelle.
- au sein d'une direction.
- sur un site.
- dans une usine.
- dans un service.

Dans chacun de ces contextes, il peut y avoir des impératifs précis à respecter, mais leur diversité, ainsi que celle des acteurs (directeur général, responsable d'unité, de département, chef de service) ne signifie pas forcément qu'il y ait une approche particulière pour chacun d'entre eux.

En effet, notre démarche consiste d'abord à mettre en lumière les points communs d'une décision d'un choix fait pour des raisons différentes, dans des univers variés. Mais nous noterons chaque fois que cela sera utile les spécificités liées à la nature du rôle de chacun des acteurs.

Que se soit au sommet de la structure d'une très grande entreprise internationale, multinationale, au sein d'une filiale dans un pays spécifique, dans une entreprise privée, dans une entreprise publique, dans le cadre d'une entreprise familiale de taille moyenne ou, dans le cas d'une très petite entreprise, le choix d'introduire la présence d'un nouveau dirigeant, représente un moment clé.

Cependant ce choix ne nourrit pas les mêmes objectifs

- Dans une grande entreprise privée ou publique, le choix d'un N° 2 revêt un double caractère stratégique et politique. Nous ne développerons pas cette dimension qui renvoie à une lecture multi-niveaux, à la fois économique, sociale et idéologique. En effet, c'est l'identité, l'historique, la dimension, la taille, le statut, la complexité de la structure juridico-économique de l'entreprise qui déterminent la finalité de la présence d'un N°2 dans une grande organisation.

Dans ce cas où la décision sur le choix, est totalement contingente à toute une série d'objectifs «cachés», il est impossible de mettre en évidence des critères transférables à tous les environnements et facilement utilisables pour la mise en place d'une démarche pour une majorité d'entreprises, et leurs responsables. Le choix d'un numéro 2 est donc à rattacher aux intérêts stratégiques de maintien, de survie, et ou de développement de l'entreprise, dans ses fondements politiques, économiques financiers et sociaux.

- Nous voulons plutôt nous intéresser à ce qui peut faciliter la démarche pour une majorité d'entreprises qui ne vit pas sous le feu des enjeux macro-politiques et économiques. Nous nous centrerons donc principalement sur le choix du N°2, en tant qu'opportunité librement consentie par des partenaires «visibles» et possédant une véritable marge de manœuvre, indépendante d'intérêts supérieurs, souvent incontournables, et non maîtrisables.

Et bien sûr, il est légitime de présupposer que le choix d'un N° 2 varie en fonction des intentions des entreprises et de leurs dirigeants.

1.2 Rechercher un N°2, quelles motivations?

Il faut ici distinguer le cas d'un dirigeant, qui est le N°1 à la tête de son entreprise de celui d'un N°1, responsable de service, de département ou d'équipe.

> *Si vous êtes N° 1, dirigeant propriétaire vous avez une large palette d'interrogations, vous vous interrogez sur l'opportunité, la légitimité et les risques de partager le pilotage de votre entreprise ou de certaines de vos responsabilités avec un autre. Mais la décision ne dépend que de vous et vous en assumerez seul tous les risques.*
>
> *Si vous êtes responsable d'une activité, même stratégique, pour une entreprise, vous pouvez vous trouver dans un système d'interdépendance. Cela vous obligera à analyser l'utilité de vous faire seconder comme une démarche d'ensemble, à préparer à plusieurs niveaux. Dans ce contexte vous n'aurez pas la maîtrise globale et directe du risque.*
>
> *Il est donc important pour vous de bien évaluer vos réelles intentions et les conséquences possibles de votre choix.*
>
> *Vous devrez avoir alors le souci de donner les informations les plus claires possibles à votre environnement hiérarchique et transversal et vous assurer ainsi d'avoir une délégation réelle pour mener à bien cette démarche.*

Les motivations des N°1, chefs d'entreprise

Voici des exemples de raisons qui conduisent un N°1 (chef d'entreprise) à vouloir être accompagné d'un N°2 :

- Garantir à l'entreprise une «ligne de politique interne», et une image conformes aux intérêts des actionnaires, c'est la raison la plus stratégique.
- Chercher à maintenir l'autorité telle qu'elle a été pratiquée jusqu'à présent, en la contrôlant et en la consolidant par le choix à «huit clos» d'une personne clef. C'est la dimension «politique» interne qui prime, ou bien la crainte de perte d'une identité, ou d'un pouvoir.

- Maîtriser un développement, par effet de mimétisme, avec une volonté de conserver la structure déjà existante en l'état.
- Préparer une transmission de pouvoir, par recrutement interne ou externe contrôlé.
- Vouloir ne pas porter le poids de décisions impopulaires : fermeture de sites, gestions de conflits sociaux, démantèlement, délocalisations...
- S'appuyer sur un adjoint.
- Se sentir soutenu.
- Gérer ses propres limites.
- Faire face à l'urgence : problème de santé, décès.
- ...

Les motivations des responsables de service, d'activité ou d'équipe

- Besoin de mieux répartir ses responsabilités au sein de l'équipe.
- Apporter une réponse de meilleure qualité à un nombre grandissant d'interlocuteurs.
- Pouvoir consacrer du temps à une nouvelle dimension de l'activité de l'unité, du département ou de l'équipe.
- Passer à une étape supérieure en toute confiance.
- Créer un relais managérial indispensable pour gérer différemment la dimension opérationnelle de l'activité.
- Développer de nouvelles compétences chez soi et chez d'autres.
- Mettre en pratique une réelle délégation.
- Préparer sa progression professionnelle, son départ éventuel.
- ...

1.3 Rechercher un N°2, quels objectifs?

Il peut y avoir une forte cohérence entre ce qui pousse un patron à penser Numéro 2, et le type d'objectifs qu'il se donne pour répondre à son besoin. Les pourquoi/ pour quoi, peuvent être identiques.

Les objectifs possibles d'un dirigeant

- Apporter une réelle complémentarité, en se projetant dans l'avenir de l'entreprise : préparer le futur en imaginant les évolutions indispensables et les réponses à apporter en terme de changement d'orientation des activités et des compétences.
- Etoffer une équipe dirigeante, dans le but de faire progresser et de solidifier l'entreprise : se donner la possibilité de partager la vision de l'entreprise, ou d'avoir une personne de confiance pour aider à réfléchir sur les sujets les plus pointus et les plus stratégiques, sans prendre de risque, en élargissant le confort intellectuel.
- Assurer une transition : commencer à réfléchir à une démarche adaptée aux besoins réels de l'entreprise, de sa maturité dans le but de passer le relais.
- Choisir son successeur, le choix du N° 2 étant considéré comme une étape pour choisir le futur N°1 : après avoir identifié ce que l'on souhaitait du numéro 2, pour accompagner le N° 1 jusqu'au moment où il lui laissera les rênes.
- Elargir sa propre mission de patron : se sentant trop à l'étroit dans son propre rôle, ou dans l'obligation d'être sur tous les fronts, le N°1 s'essouffle, a besoin de prendre de la hauteur et de l'espace. Il veut soulager sa charge de travail.
- S'appuyer sur un adjoint. Se donner un « maillon », pour rétablir un lien dans son entreprise. Le dirigeant peut sentir un malaise dans ses rapports avec son entreprise, son personnel, ses collaborateurs. Lui-même est peut-être provisoirement découragé par ces difficultés de dialogue, et a besoin qu'une autre personne l' aide à changer le mode de relation.
- Repositionner le champ de responsabilités du dirigeant et renforcer les compétences managériales.
- Préparer la relève dans de bonnes conditions, après avoir pris conscience du vieillissement naturel de l'équipe dirigeante, en évitant tous les pièges dus à l'urgence.
- …

Les objectifs pour un responsable

- Préparer par anticipation l'équipe à une nouvelle étape de développement : croissance économique, élargissement de ses marchés, changement d'orientation stratégique, ...
- Créer les conditions de réussite d'une passation de pouvoir
- Mettre en place une nouvelle forme de management
- Donner l'exemple sur la possibilité de partager le pouvoir
- Préparer son propre départ
- Garantir une continuité dans l'approche
- Mieux gérer les talents et les compétences
- ...

La lecture de ces différents objectifs, des dirigeants ou des responsables, en vous montrant la diversité des motifs et des priorités de la décision doit vous permettre de vous positionner par rapport à vos propres enjeux.

Les différents niveaux évoqués illustrent à quel point la dimension managériale, et celle de la réflexion stratégique d'un dirigeant et de son équipe sont au cœur de notre démarche.

Exemple

Nous avons plusieurs fois été amenés à réaliser des missions de diagnostic des besoins et une entreprise, ou et un service. Ce type d'approche a pour but d'aider le dirigeant à construire ou à valider son analyse personnelle. Le deuxième objectif est de lui permettre de mieux orienter sa décison: s'agit-il d'opter pour un nouveau mode de management ou bien de préparer réellement une passation de pouvoir?

1.3 Le moment propice pour choisir un N°2 existe t-il ?...

La problématique du choix du N°2 est parfois directement reliée à une étape de développement de l'entreprise, développement stratégique, économique, commercial, développement de l'image et de la notoriété.

> Pour certaines entreprises, l'élément déterminant sera l'atteinte d'un certain niveau de chiffre d'affaires (par exemple pour une entreprise moyenne, un chiffre d'affaires atteignant entre 10 et 30 millions d'euros). Pour d'autres ce sera l'atteinte d'une certaine taille, (par exemple le dépassement des 100 /200 salariés) qui représentera un seuil appelant à un élargissement de la fonction managériale, avec de nouvelles répartitions des responsabilités, et des délégations de pouvoir plus larges ou très différentes.

Le moment propice peut aussi se révéler, notamment dans une entreprise moyenne par :

- les limites de la capacité de gestion, de déploiement commercial,
- la nécessité d'anticipation stratégique, parce que l'entreprise se trouve dans une impasse, s'essouffle sans réelle perspective.

Pour une entreprise de taille plus importante cela peut être :

- l'accélération de la croissance externe, qui déclenche la nécessité de structurer différemment les liens managériaux. Il est difficile par exemple d'avoir un fort développement, et de conserver une structure très ou trop centralisée ;
- la croissance qui change les liens, crée de la distance entre les personnes, rend les structures plus lourdes ;
- une gestion plus complexe, plus globale, qui va nécessiter une vision stratégique maîtrisée ;
- les limites de fonctionnement des équipes en place, lorsque la charge de travail, et la mise en œuvre des compétences deviennent difficiles, ou atteignent leur seuil d'efficacité ;

- l'usure des collaborateurs et le poids de la pression interne ;
- la pression de la concurrence qui conduit à mieux connaître les éléments clefs du marché, savoir faire face aux stratégies concurrentes, et nécessite un autre regard.

L'identification de cette étape peut être nécessaire mais pas suffisante, elle ne représente pas l'unique déclencheur de la question : «avons nous besoin d'un N° 2 pour notre entreprise ?»... Cette interrogation peut être une vraie question de développement stratégique volontairement posée par le chef d'entreprise et par l'équipe de direction.

Pour certaines entreprises le cap sera au-delà de ces repères.

Ce que nous devons rappeler, c'est que le choix d'un N°2 incarné par l'arrivée d'une seule personne concerne le plus souvent des structures de taille moyenne, indépendantes, avec la plupart du temps des dirigeants propriétaires.

Le choix du Numéro 2 dans un service, un département, ou au sein d'une activité peut se poser lors de la reconfiguration de ces entités, à travers la mise en place de nouvelles matrices organisationnelles : croisement des liens fonctionnels et opérationnels, mise en place d'une organisation par activités, par marchés. C'est aussi au moment d'un rachat, d'une fusion que les activités prennent de nouvelles formes et obligent les responsables à repenser leur dynamique de management.

Cependant l'idée de N° 2 peut aussi se concrétiser par un staff, avec plusieurs personnes.

De nombreux dirigeants, dans des entreprises industrielles, et des chefs d'entreprise nous ont exprimé tout l'intérêt qu'ils portaient à cette option «équipe de N°2, au pluriel». (dans des filiales de groupes de prestations industrielles, et par exemple chez Total-Gaz, Spie-Amec, ou comme chez Serfim).

Ces entreprises simplifient la structure hiérarchique pyramidale et ont fait le choix d'un dirigeant pour une région, pour une zone, une activité, une filiale.

Elles mettent en place un staff très opérationnel ainsi qu'un staff fonctionnel, dont la caractéristique est le rapport direct avec le dirigeant.

Ces structures sont mises en place dans des filiales de grands groupes, pour assurer une décentralisation opérationnelle la plus efficace possible. La mise en place d'équipes avec plusieurs N°2, n'est par forcément une volonté consciente, mais plutôt une pratique implicite, qui est souvent porteuse d'efficacité.

Nous pouvons retenir qu'en effet pour une entreprise de taille moyenne de 200 et même jusqu'à 1000 personnes, la question de la structure de l'équipe dirigeante se pose forcément en terme d'hommes.

Les entreprises multi-pôles d'activités ou possédant plusieurs unités auront plutôt tendance à favoriser une délégation sur plusieurs personnes.

Les entreprises de type familial auront tendance à avoir un premier cercle de dirigeants plus étroit, ou le N° 2 peut faire partie de la famille, avant dans certains cas de devenir N° 1.

La problématique du N°2 reste malgré tout inscrite dans le cadre d'une entreprise de taille humaine, non surdimensionnée.

Dans notre chapitre 3, nous aborderons de manière très détaillée la notion du besoin de l'entreprise et de son dirigeant, pour affiner les enjeux de la prise de décision.

2. IDENTIFIER LA RÉALITÉ CULTURELLE DE L'ENTREPRISE

Nous allons maintenant nous intéresser à la dimension culturelle des entreprises pour mieux appréhender les enjeux et les modalités à mettre en œuvre pour ce choix.

Toutes les entreprises ne fonctionnent pas sur le même mode interne, les mêmes règles, les mêmes priorités, les mêmes rites, les mêmes usages implicites, les mêmes exigences et contraintes.

Notre priorité est de définir ce qui va influencer la dynamique managériale interne et la dynamique de croissance.

Pour cela examinons l'ensemble des caractéristiques historiques d'une entreprise.

- Les conditions de sa création, par exemple : la présence d'un fondateur qui va créer pour des générations une empreinte, ou au contraire plusieurs partenaires dès le départ.
- Sa structure, son cadre juridique : le mode de répartition financière va induire une certaine manière de fonctionner, au moins au début.
- Son équipe dirigeante de départ : les formes de partage du pouvoir, la répartition initiale du capital, le profil des actionnaires.
- Les modalités de sa croissance : par paliers très réguliers, ou par « explosions de marchés »
- Son métier : le type de culture « métier » va influencer l'approche des dirigeants, les approches dans l'industrie lourde, ou dans les métiers du luxe étant, par exemple, extrêmement différentes.
- Son organisation : les rapports hiérarchiques internes, le système d'informations, les méthodes de travail …
- Sa relation à son activité : le sentiment de valeur ajoutée, ou plutôt la gestion du standard.
- Sa relation aux clients, sa place dans l'environnement économique et social.

Ces caractéristiques permettent de définir quatre grands types de cultures d'entreprises, qui donnent une appréciation plus qualitative des critères pertinents à prendre en compte pour comprendre les impératifs, les caractéristiques et les contraintes de chaque organisation.

Chacun, dans son entreprise peut apprécier les différentes formes d'état d'esprit, qui donnent une teinte, une atmosphère, un style à une organisation.

Une entreprise développe un certain mode d'organisation managérial, une orientation par son métier, ses méthodes, ses finalités stratégiques. Tout ceci constitue sa culture.

Diverses typologies existent. Nous vous proposons une rapide lecture de ces différences culturelles, avec quatre grandes différenciations, à partir du travail de IAN MITROFF (in *Stakeholders of Organizational Mind*) :

1. La culture «**bureaucratique**», avec un environnement très technique, très formalisé, très rigoureux.

2. La culture «**familiale**», orientée vers le pragmatisme dans un climat fort en affectivité et proximité.

3. La culture «**adaptative**», centrée sur l'innovation, le développement dans le futur et la réponse aux besoins du client.

4. La culture «**matricielle**» qui croise les impératifs de l'innovation technologique, et la rationalité des processus et des méthodes.

Nous allons décrire chacune de ces cultures en définissant la dynamique de l'organisation qui présente un certain nombre de caractéristiques liées principalement à deux axes :

Celui du mode de perception : la manière d'appréhender la réalité et le type de traitement de l'information :

- **soit très spécifique, pragmatique**, concret, détaillé, tangible et très centré sur l'utilisation immédiate des données.
- **soit au contraire une approche globale**, synthétique privilégiant la perception rapide et intuitive des finalités, de l'orientation à prendre avant de se préoccuper des moyens à utiliser, de la méthode à mettre en œuvre.

Celui du style de prise de décision :

- **soit très logique, rationnel**, basé sur les informations les plus précises, les plus exhaustives possible.
- **soit plus orienté vers la prise en compte des valeurs**, et de la dimension émotionnelle de la situation vécue ou traitée.

Ces deux grands axes se croisent et peuvent être présentés sous la forme de quatre quadrants, autour des quatre polarités présentées ci-dessous.

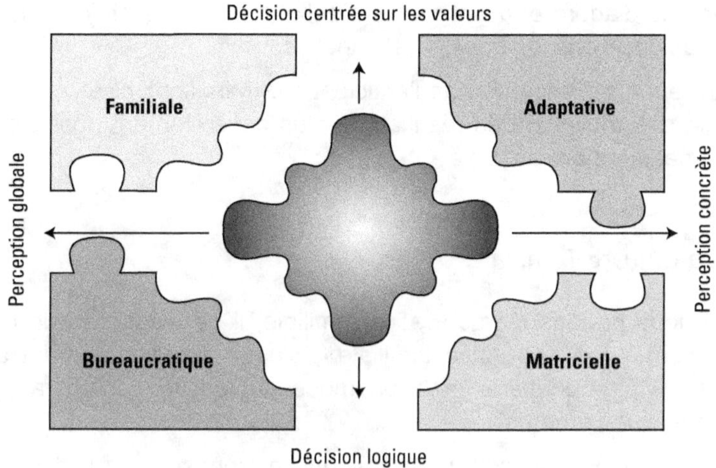

Schéma 1.1. **Cultures organisationnelles**

2.1　La culture bureaucratique

Cette organisation repose essentiellement sur la nécessité de se sentir solide dans sa structure métier, et surtout dans la fiabilité de ses procédures, de son système d'informations.

Toute l'entreprise est orientée vers la qualité et la rigueur de la technique, des systèmes et des informations. Nous nous trouvons dans un univers de méthodes et de rationalité souvent sur tous les plans de la vie de l'organisation.

L'entreprise est très forte dans la traçabilité et la modélisation de ses procédures internes.

L'organisation fait de forts investissements dans le matériel, les installations, les procédés, les études techniques. Elle peut être « obsédée » par la recherche de l'excellence technique.

Nous sommes donc ici dans un univers technique, industriel, pragmatique qui cherche d'abord et avant tout le résultat le plus opérationnel, qui respecte des décisions logiques et rationnelles.

L'organisation ne cherche pas l'anticipation, mais l'optimisation des ressources, des moyens, des résultats le plus concrètement possible, et le plus immédiatement possible.

2.2 La culture familiale

Quand nous parlons d'organisation familiale, il ne s'agit pas de décrire uniquement «une entreprise familiale», c'est-à-dire appartenant à une seule famille propriétaire, mais un mode de fonctionnement avec ses caractéristiques propres.

Une organisation (car cela peut être une entreprise, une institution, un département, un secteur d'activité au sein d'une entreprise...), à dominante familiale se caractérise la plupart du temps par la présence d'un personnage emblématique, qui peut-être fondateur ou figure de proue de l'entreprise. Dans tous les cas, il y a un leader charismatique, respecté et parfois craint en même temps.

C'est une culture qui est attachée aux traditions, à des principes, à des valeurs.

Il y a des règles et des lois «morales», explicites et implicites.

Cette organisation se caractérise par une présence de liens très forts entre les personnes, une proximité relationnelle, un sentiment d'appartenance au groupe.

L'organisation est soudée, ses membres manifestent un fort engagement, et ont le sentiment d'appartenir à une famille, à une tribu, ou à un clan. Les relations sont souvent très affectives : amour et haine peuvent se côtoyer facilement.

C'est un univers plutôt orienté sur lui même, jaloux et fier de son indépendance, de son identité et de son nom. C'est un environnement où la loyauté et la fidélité font partie des valeurs de base.

C'est pour l'organisation de type familiale que la problématique du choix N° 2, sera sans doute la plus facile à clarifier. La plupart du temps il existe une forte volonté des dirigeants de rester fidèles à un état d'esprit, tout en faisant des efforts pour s'adapter aux évolutions et pressions de l'environnement.

2.3 La culture adaptative

L'organisation adaptative se caractérise par un vrai sens du service, une vraie orientation vers le client comme «personne» et comme finalité, et non pas comme «produit». Elle se veut innovante à l'écoute des tendances, des évolutions, des changements, des aspirations non encore formulées. Elle développe une forte capacité à percevoir avant tous ce que seront les besoins de la clientèle. Elle se crée souvent autour d'une envie commune de bâtir un projet, qui suscite de l'enthousiasme.

Ce type d'organisation est orienté vers le futur, l'avenir est une source d'inspiration et d'investissement stratégique. Elle valorise le talent et l'originalité des approches.

Elle a souvent du mal à stabiliser ses structures internes et à apprendre de ses erreurs. C'est une organisation qui n'aime pas beaucoup les procédures, les normes, les règlements, et supporte mal la routine.

Les personnes ont un fort besoin de nourrir leur créativité et leur soif de nouveauté.

2.4 La culture matricielle

Les organisations du type matriciel sont orientées à la fois vers la rationalité, la dimension scientifique et technologique, et une volonté permanente d'innovation dans le domaine des processus, de la recherche et du développement.

Elles favorisent l'intelligence collective et les capacités d'anticipation techniques. Elles cherchent à être leader sur leur marché, en maintenant en permanence une forte longueur d'avance par rapport à la concurrence.

Cette culture organisationnelle est peu orientée vers les personnes, mais vers la meilleure utilisation des savoir-faire, connaissances et potentiels.

La dimension managériale n'est pas forcément considérée comme une opportunité stratégique pour renforcer ses positions, mais comme un moyen pas toujours facile à utiliser. Elle est traitée de manière parfois chaotique, beaucoup plus en fonction des besoins stratégiques de l'entreprise, que par conviction de la valeur propre des ressources humaines avec une forme de pression permanente sur l'innovation qui peut faire oublier l'importance de gérer le capital matière grise fondamental pour la réussite de ce type d'entreprise.

2.5 Fragilités des différentes cultures organisationnelles

Chacune de ces organisations développe sa propre culture avec ses points « sensibles ».

La culture bureaucratique

Elle est centrée sur le maintien de ses positions internes et a du mal à envisager le changement autrement que comme une rupture par nécessité. Nous trouvons ici des entreprises industrielles classiques, héritières de structures hiérarchiques fortes.

Elles favorisent un management centré sur le pouvoir très formalisé et hiérarchique, et n'ont pas pour objectif de partager le pouvoir.

Dans une grande organisation à tendance bureaucratique la question de la délégation de responsabilités se pose rarement; chacun a son statut selon les procédures établies, et le pouvoir ne se partage pas, son attribution obéit à des lois et des règles difficiles à faire évoluer.

La culture familiale

Elle a souvent du mal à se projeter de manière anticipée vers le futur, à faire des choix d'évolution en tenant compte de tous les paramètres de l'environnement externe, aussi bien qu'interne. Elle aime construire étape par étape ce qui est à la fois une force, si la construction est bien maîtrisée, et une fragilité quand il y a perte de cohérence dans la démarche.

C'est aussi un lieu où les enjeux de pouvoir sont forts, notamment autour de la transmission.

Cependant ces caractéristiques sont aujourd'hui moins importantes que les enjeux de survie, qui font que les entreprises familiales ont des ressources extraordinaires pour maintenir la réussite.

Dans la grande distribution les familles Mulliez (AUCHAN), Defforez (CARREFOUR), Bouriez (CORA) ont su se moderniser en famille.

Il est important de reconnaître aujourd'hui la solidité et le succès des entreprises familiales (*Enjeux les Echos* N° d'Avril 2003).

La culture adaptative

Elle cherche à s'adapter et à anticiper les besoins de ses clients. Cette forte orientation «service client» l'amène à négliger les autres aspects de son fonctionnement, elle peut donc avoir des difficultés à stabiliser ses propres structures en interne, car la réponse aux besoins du client est sa priorité. La question du management est souvent pensée comme une aventure consensuelle, à inventer en fonction des évolutions de l'entreprise.

L'entreprise peut donc souffrir d'un manque chronique de structure, d'organisation, d'absence de formalisation. La peur parfois excessive d'être enfermée dans des procédures rigides peut créer des cadres trop flous et donc de la confusion.

La culture matricielle

Elle a une forte capacité à générer du changement permanent, ce qui peut rendre impossible la construction sociale interne, car les événements se succèdent, les opportunités se multiplient, la structure s'adapte et s'enrichit sur le plan de l'innovation sans chercher à stabiliser les structures internes.

Ces deux dernières formes d'organisation, adaptatives et matricielles sont fortement représentées par les start-up, (nouvelles technologies, bio-technologie, services, e business).

2.6 Une culture peut en cacher une autre

Ces quatre dimensions possibles de la culture d'une entreprise nous montrent à quel point il existe des différences profondes qui vont marquer forcément le mode de vie et l'évolution d'une structure.

Ces quatre cultures parfois peuvent se trouver mêlées les unes aux autres. Dans beaucoup d'entreprises il existe un «patchwork» de cultures, qui donne un métissage, pas toujours facile à décoder.

Elles peuvent également exprimer la nature des fragilités à prendre en compte pour mieux comprendre les difficultés posées dans la problématique d'un N°2.

Ces différents types d'environnements façonnent de manière variable l'approche de l'opportunité d'un N°2, car le rôle du management n'y a pas la même place, ne joue pas le même rôle, et l'influence exercée par les dirigeants ne va pas non plus se manifester sous les mêmes formes.

Dans les deux organisations orientées vers l'innovation, la dynamique managériale est plus pensée comme une approche à réaliser en équipe, avec une décision de dirigeants, collective.

Un exemple de culture mixte

Une entreprise moyenne et familiale peut paradoxalement avoir une taille importante comme celle de Jacques Dessange, qui compte 7 150 collaborateurs, dans 39 pays, sous forme de franchises.

Jacques Dessange travaille en collaboration avec son fils Benjamin. Ils se repartissent la gestion globale de l'entreprise, sous la forme d'un tandem très efficace.

Cet exemple montre comment une création artisanale se transforme en une entreprise à fort développement, tout en gardant une structure à une taille humaine, à un niveau local.

Nous nous trouvons face à une entreprise de type «familial», qui ensuite a su développer d'autres formes organisationnelles (notamment adaptatives), en réponse aux impératifs d'une forte croissance, et aux évolutions des exigences de sa clientèle.

Dans des entreprises industrielles très «bureaucratique», on peut rencontrer des îlots de culture familiale, sur plusieurs générations notamment au niveau de l'organisation de la maîtrise. Pourtant l'organisation dans son ensemble reste structurée différemment.

> *La question est donc bien de savoir quels sont les vrais besoins d'une entreprise, de les évaluer, de les reconnaître, de les nommer, et de bâtir une vraie réponse.*

2.7 Quelle complémentarité rechercher pour le choix du N°2?

Le N°2, ou l'équipe de N°2, peuvent être issue d'une culture différente de la vôtre, et de ce fait vous apporter de nouvelles opportunités, qu'il vous faudra intégrer, gérer, optimiser.

La rencontre possible des cultures, leur croisement, leur complémentarité peuvent être illustrés par les divers tableaux ci-dessous :

Nous voulons plutôt nous intéresser à ce qui peut faciliter la démarche pour une majorité d'entreprises qui ne vit pas sous le feu des enjeux macro-politiques et économiques.

Exemples de complémentarité

Bureaucratique/familiale

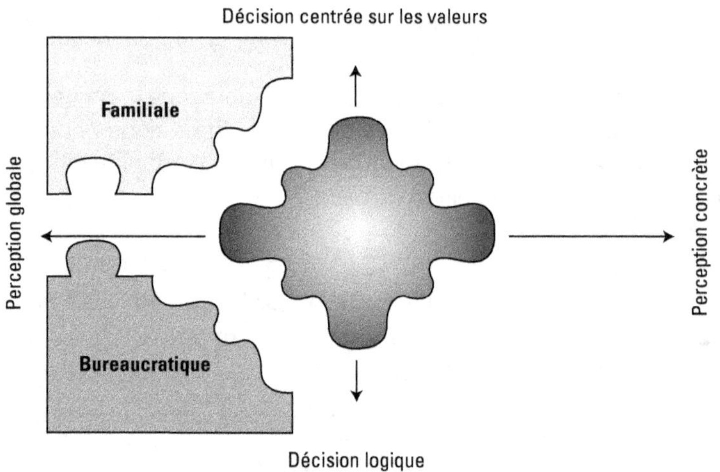

Schéma 1.2. **Cultures organisationnelles**

C'est un type de complémentarité possible qui allie la rigueur et le besoin d'appartenance. Une entreprise qui s'appuie sur un métier technique, une vraie expertise, qui se sont développés à travers le temps, autour d'une équipe soudée.

Exemples de complémentarité

Familiale/adaptative

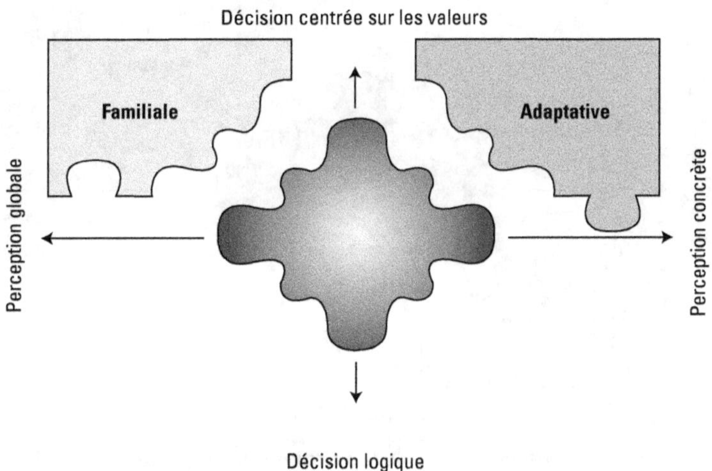

Schéma 1.3. **Cultures organisationnelles**

Une complémentarité qui va créer du dynamisme pour l'organisation. De grandes entreprises familiales ont eu ce type de développement, par exemple l'entreprise BENETTON.

Exemples de complémentarité

Bureaucratique/adaptative

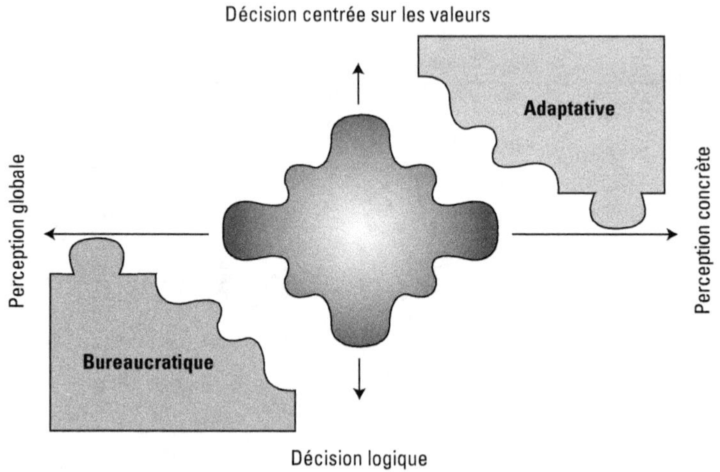

Schéma 1.4. **Cultures organisationnelles**

Une complémentarité à forts enjeux, mais dont les impératifs sont difficilement compatibles. La rigueur a du mal à passer à l'innovation en matière de service. L'intégration de la dimension qualité au sein d'un service recherche et développement, ou mieux encore l'intégration d'une approche filière dans une entreprise très orientée marketing opérationnel, peuvent être des enjeux forts, mais difficiles à atteindre.

Exemples de complémentarité

Adaptative/matricielle

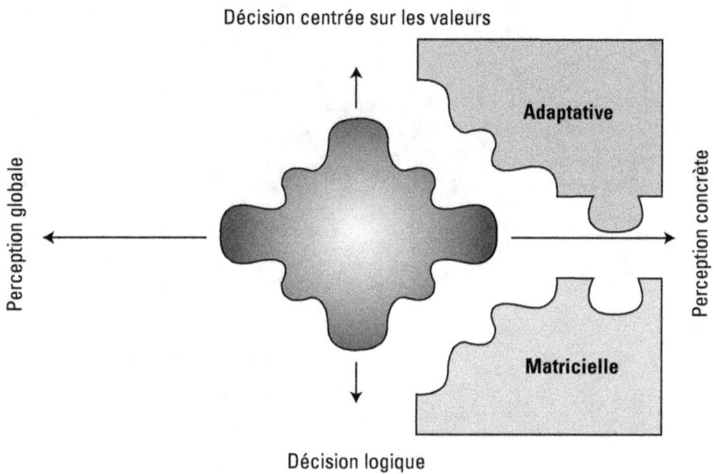

Schéma 1.5. **Cultures organisationnelles**

Complémentarité très riche, très centrée sur l'innovation des processus et des techniques et le service client en même temps. Par exemple, des entreprises de service avec une forte créativité technologique : CISCO, APPLE, plus proche de nous SALOMON ; ROSSIGNOL.

Exemples de complémentarité

Bureaucratique/matricielle

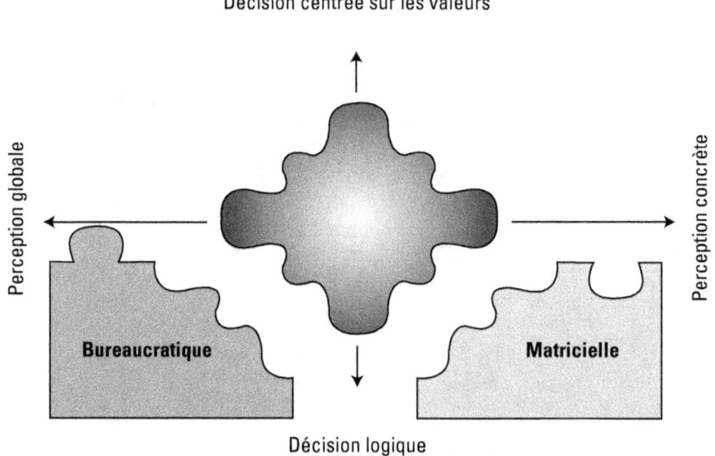

Schéma 1.6. **Cultures organisationnelles**

Une forme de complémentarité possible, avec un risque managérial élevé, car centré sur les règles et la logique. Les entreprises orientées sur les processus certification, la sécurité, la technologie, les développements scientifiques.

Exemples de complémentarité

Familiale/matricielle

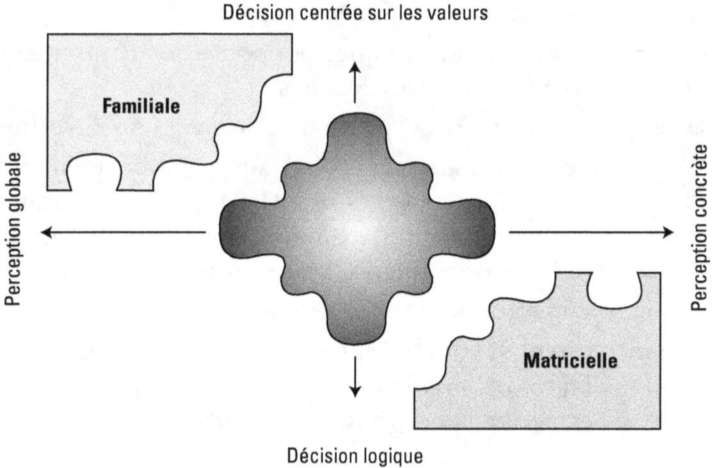

Schéma 1.7. **Cultures organisationnelles**

Complémentarité plus rarement rencontrée. La dimension de proximité relationnelle alliée à des processus très formalisés et innovants quant à leur technologie. Cela pourrait être un laboratoire fondé et développé par les membres d'une même famille. (Par exemple Bio-Mérieux, Aguettant).

Ces tableaux, en vous permettant de voir quelles sont les caractéristiques culturelles de votre entreprise et comment peuvent se bâtir des complémentarités peuvent vous aider à faire un premier diagnostic de vos priorités.

Et quelques questions vont vous aider à cerner les complémentarités les plus pertinentes pour le choix de votre N°2 ou de vos numéros 2 :

- Dans quel type d'organisation évoluez-vous?
- Que diriez-vous des limites que vous pouvez rencontrer, et de quelle manière voulez-vous évoluer?
- Dans quel cadrant serait-il intéressant de créer une ouverture?

L'arrivée d'une personne venant d'un autre univers culturel va pouvoir contribuer à cette ouverture. Celle-ci vous apportera à la fois des compétences autres, mais surtout des manières de travailler, de choisir des orientations, toutes autres que les vôtres.

- Quelle dynamique cette rencontre va-t-elle créer?

Cette rencontre peut vous faire progresser dans l'élargissement de vos responsabilités et la création de nouvelles approches de la décision, de nouvelles conceptions des priorités.

Exemple

Dans une de nos missions nous avons eu à effectuer un diagnostic de ce type à la demande d'un dirigeant d'entreprise familiale.

L'objectif était d'introduire un souffle d'énergie managériale, dans un environnement en voie d'asphyxie.

Le manager choisi pour intégrer le comité de direction a essentiellement apporté son expérience de la culture du servic au client, dans un univers essentiellement centré sur la qualité du produit et la fierté du nom.

Chapitre 2

Soyez à l'écoute des besoins de votre entreprise

1. FAITES LE DIAGNOSTIC DES BESOINS DE VOTRE ENTREPRISE

Il est important que le chef d'entreprise ou le dirigeant que vous êtes puisse faire le point sur l'état de fonctionnement de son environnement, de son activité, de la croissance de son entreprise, et aussi de ses propres aspirations.

La question de l'opportunité du choix du N°2 doit s'inscrire dans votre réalité quotidienne, dans la dimension culturelle de votre entreprise et dans votre vision du futur. Car l'une des fortes qualités des «entrepreneurs» c'est de savoir anticiper les grandes étapes du développement de leur entreprise.

Cette première partie du diagnostic vous pouvez la faire seul, dans un premier temps. Vous pourrez, dans un deuxième temps, la faire faire à votre équipe directe, si elle existe déjà, même sous une forme restreinte.

Diagnostic des besoins de votre entreprise	
A. Les besoins organisationnels	
Questions	**Réponses**
Quelles sont les transformations et évolutions structurelles vécues par votre entreprise : taille, croissance, modification des cadres juridiques? Comment avez-vous progressé jusqu'à présent? Définissez le cheminement qui a été le vôtre. Quelles ont-été les étapes majeures, les moments difficiles dans votre mode d'organisation? Comment avez-vous réussi à les franchir? Quels sont les prochains enjeux du développement de l'entreprise? De quelle manière voulez-vous répondre aujourd'hui? Vos réponses sont-elles toujours d'actualité? Que voulez-vous changer y compris dans votre manière de répondre à ces besoins-là?	
B. Les besoins financiers et économiques, les formes de gouvernance	
Quelles sont les évolutions nécessaires du capital, des besoins, de la configuration de l'actionnariat, de la crédibilité financière? L'entreprise a-t-elle besoin d'élargir l'accès à son capital, doit-elle faire évoluer ses statuts, doit-elle se doter de nouveaux entrants? Dans quels buts? : renforcer sa solidité, augmenter son autonomie financière?	

.../...

C. Les besoins managériaux	
Que faut-il renforcer dans la capacité à mobiliser les énergies, à apporter des méthodes, des compétences, des outils, une organisation cohérente avec l'entreprise et une dynamique motivationnelle indispensable à vos projets d'avenir? Quel est le niveau de délégation managériale dans votre entreprise? Comment l'autonomie des collaborateurs est-elle encouragée? Quelle approche de la motivation collective et individuelle avez-vous développée?	
D. Les besoins humains	
Quelles sont les compétences et les ressources nécessaires à la croissance de votre entreprise, de votre service, de votre activité, à différents niveaux? Comment les compétences sont-elles valorisées, comment la contribution est-elle reconnue? Y a t-il une approche globale des ressources humaines, structurée sous quelle forme? Quels moyens sont mobilisés pour la gestion des ressources humaines?	
E. Les besoins d'image et de notoriété	
Votre entreprise, votre organisation a-t-elle une image, une notoriété, un positionnement en cohérence avec son identité et ses ambitions d'évolution future?	

Des moyens très divers de répondre aux besoins détectés

Il est important de savoir distinguer les réponses les plus appropriées à la réalité des besoins.

Cela peut signifier que certains besoins réels de votre entreprise nécessitent la mise en œuvre de solutions tout autres que celle de l'arrivée d'un N° 2 dans votre environnement :

Par exemple, vous pouvez revoir votre organisation en faisant faire un diagnostic complet de tous ces éléments pour :

- établir vous-même vos priorités de développement;
- procéder à des réaménagements internes de compétences et de responsabilités;
- reconfigurer vos zones d'activités commerciales;
- faire évoluer votre approche marketing;
- vous différencier par rapport à la concurrence;
- développer l'organisation géographique, et celle des activités, sous la forme de nouvelles matrices;
- créer de nouveaux postes, assortis de nouvelles responsabilités;
- répartir différemment ses responsabilités.

La réponse en terme de N°2 ne peut se faire que dans la lucidité : attention à la recherche de la solution providentielle, incarnée par un «sauveur», qui a lui seul apporterait toutes les réponses aux défaillances de votre organisation, et à ces fragilités : de structure, de positionnement stratégique, d'organisation managériale, de dynamique commerciale…

Le diagnostic des besoins de l'entreprise est un premier guide dans votre démarche et dans votre choix. Mais il est possible de faire un bon diagnostic des besoins, sans pour cela aboutir à une bonne décision, à un bon choix…

Il faut donc aller plus loin et d'abord hiérarchiser vos priorités. Pour cela, il est nécessaire de comprendre ce qui déclenche l'apparition de nouveaux besoins de l'entreprise.

2. ANALYSEZ LES DÉCLENCHEURS DE NOUVEAUX BESOINS

Ces nouveaux besoins ont des origines diverses qui n'auront pas le même impact sur votre choix futur.

La croissance

C'est la plupart du temps à cause du développement de l'entreprise, de sa croissance interne ou externe qu' un dirigeant se pose la question du partage des responsabilités et de la nécessité de se faire seconder. Car ce développement augmente le poids des responsabilités et peut accroître aussi le sentiment de solitude du dirigeant.

Le développement de l'activité de l'entreprise du fait du développement de son activité commerciale et / ou technique passe par des étapes d'élargissement et de complexification.

Dans une phase de croissance importante de leur entreprise, les chefs d'entreprises propriétaires doivent établir des liens différents avec leurs collaborateurs directs et la complexité croissante des structures les oblige à un partage du pouvoir et des responsabilités.

La structure en filiales

La structure de l'entreprise sous formes de filiales, d'unités d'activités amène les patrons à se poser la question de la délégation du pouvoir et de la justesse du choix des responsables.

La complexité

La mise en place de nouveaux schémas organisationnels, de nouvelles matrices qui croisent les notions de marchés, d'activités, de marques, créent des environnements mouvants, favorables à la mise en place de plusieurs N°2.

On remarque en effet que plus les matrices sont complexes plus les équipes de direction sont présentes, sous forme de plusieurs N°2 qui ont un rôle à la fois stratégique et opérationnel.

La question du N°2 avec le choix d'une personne à vos côtés devient pertinente à un certain niveau de l'évolution de votre entreprise, comme une étape d'apprentissage vers la maîtrise de cette complexité et vers l'apprivoisement de votre réussite.

Ce choix est très fréquent pour les entreprises dont les effectifs atteignent une centaine de personnes.

La diversification

Ce choix peut aussi être initié par une plus grande diversification : plus de métiers, plus de marques, des achats ou des rachats d'entreprises ou d'activités, la mise en place d'une nouvelle organisation tout cela élargit forcément le champ de la coordination.

> *Le choix d'un N°2, dans une optique de dirigeant en second crée l'opportunité de construire un forme particulière de coopération, qui constitue une étape importante dans la création de la confiance et dans la solidité managériale.*

3. EFFECTUEZ VOTRE PREMIÈRE VALIDATION DES BESOINS DE L'ENTREPRISE

L'analyse des besoins organisationnels de l'entreprise peut vous amener à prendre en compte la nécessité d'affiner les structures en les rendant plus justes par rapport à la propre évolution de votre marché, de votre technologie, de votre positionnement.

Cette analyse de vos besoins doit vous amener à penser d'abord solutions internes et organisationnelles.

Le recours éventuel aux solutions internes et organisationnelles	
Questions	**Réponses**
Est-il possible de faire les ajustements internes suffisants pour répondre à votre besoin identifié? Avez-vous au sein de l'entreprise les ressources nécessaires pour répondre à vos besoins ? (Ressources : c'est-à-dire les compétences, les qualités, la vision, la disponibilité, le temps, la volonté les moyens techniques, financiers, la structure?)	

L'analyse des besoins peut vous conduire à penser que la bonne solution consisterait à vous adjoindre un N°2.

Mais dans ce cas, il faut vous interroger sur sa fonction.

<table>
<tr><td colspan="2" align="center">Le rôle d'un N°2 éventuel</td></tr>
<tr><td>

Votre futur N°2 est-il là pour :

- vous aider à penser les évolutions de votre entreprise? Lesquelles? et comment?

- vous apporter une réponse à une faiblesse dans les compétences clefs pour votre entreprise? Lesquelles?
- développer de nouvelles activités complémentaires? Lesquelles? Comment?

- vous seconder de façon générale? Comment?

- vous permettre d'aller sur de nouveaux champs? Lesquels? Pour quelles raisons?

- créer une nouvelle image? Laquelle? Comment la qualifier?

- compléter vos compétences personnelles? Lesquelles?

- vous amener une technicité manquante? Laquelle?

</td><td></td></tr>
<tr><td>

Un N° 2 peut-il répondre aux différents besoins exprimés dans les questions précédentes?

Que font-elles apparaître de vos priorités?

Hiérarchisez vos réponses, choisissez trois priorités.

</td><td></td></tr>
</table>

Si vous arrivez à des réponses sur chaque niveau, il y a des chances que votre futur N°2 ne puisse pas assumer autant d'exigences!

N'oubliez pas que ce futur partenaire ne peut pas être super-man, l'homme miracle. Il ne peut être un clône, ni une ombre, ni un serviteur, ni un «fossoyeur»… Il doit avant tout exister par lui-même.

Lorsqu' on interroge des patrons de PME, le besoin d'un N°2 s'exprime surtout en terme de confiance, et de partage d'une vision. Ils aspirent à une forte complémentarité des compétences et des personnalités.

Mais il est indispensable que chaque N°1, définisse la nécessaire complémentarité qu'il recherche avec ce partenaire.

Quand vous aurez la réponse à ce premier questionnement qui va vous orienter vers une définition plus précise de vos attentes, vous pourrez passer au deuxième niveau d'interrogation plus intime, plus personnel.

Nous vous proposons de vous accordez le temps pour faire le point sur cette question.

Chapitre 3

Menez votre auto-diagnostic stratégique

1. QUELS SONT VOS VÉRITABLES ENJEUX : SACHEZ APPRÉCIER VOTRE FONCTIONNEMENT PERSONNEL ?

Ce tableau d'après l'approche de ROBERT DILTS va vous permettre d'y voir plus clair à propos de votre propre façon de penser et de vivre votre fonctionnement personnel, et du degré de cohérence entre ces différents niveaux de votre propre personnalité.

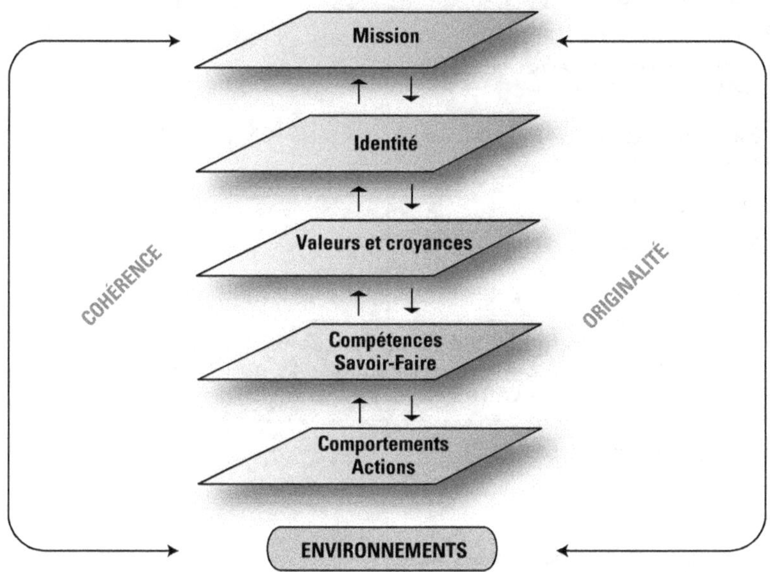

Schéma 2.1. **Les différents niveaux d'approches de la personne**

Le questionnaire ci-dessous qui est élaboré en fonction des cinq niveaux d'approche de la personne va vous permettre de faire aisément votre auto-diagnostic

<table>
<tr><td colspan="2" align="center">Questionnaire d'auto-diagnostic</td></tr>
<tr><td colspan="2" align="center">Votre mission :
quelle est la finalité de l'ensemble de vos actions dans cette entreprise ?</td></tr>
<tr><td>

Quel a été votre rôle jusqu'à présent ?

Qu'avez-vous réalisé d'important pour l'entreprise, pour vos collaborateurs, pour vos actionnaires ?

En quoi votre mission d'aujourd'hui va-t-elle changer demain ?

De quelle manière souhaitez-vous la faire évoluer ?

Qu'est-ce qui est important pour vous dans cette évolution ?

Qu'est-ce qui va changer ?

Quelle sera votre mission ?

Quelle sera la mission de votre N°2 ?

</td><td></td></tr>
<tr><td colspan="2" align="center">Votre identité de patron, de dirigeant :
Quels sont pour vous les enjeux de pouvoir élargir
votre champ personnel ?</td></tr>
<tr><td>

Que diriez-vous de la place que vous occupez AUJOURD'HUI ? Avez-vous une métaphore qui exprime ce rôle, cette place ?

Y a-t-il une image qui vous soit associée au sein de l'entreprise ?

Qu'est-ce qui vous fait dire que vous avez besoin vous-même d'un N°2 ?

En quoi l'arrivée d'un nouveau responsable va-t-elle vous aider ?

L'arrivée d'un N°2 peut-elle porter atteinte à votre image ?

</td><td></td></tr>
</table>

.../...

Votre engagement / votre motivation / vos enjeux	
Quelles sont vos convictions profondes aujourd'hui sur le meilleur moyen de développer les ressources de l'entreprise?	
Que représente votre entreprise pour vous, pour votre famille, pour votre entourage social?	
En quoi l'entreprise est-elle pour vous une source de légitimité, de sécurité, de statut, de pouvoir, de contrôle, d'aventure, de prise de risque ?	
A quoi êtes-vous le plus attaché?	
Les dirigeants d'entreprise sont attachés à leur poste et à leurs rôles, à leur image. L'arrivée d'un N°2 risque-t-elle de vous faire perdre quelque chose d'important, d'essentiel, d'indispensable pour vous : pouvoir, notoriété, proximité, influence…	

Pour vous aider à faire une synthèse, interrompons ce questionnaire avec quelques exemples d'enjeux exprimés par des N°1 dans la première colonne, et des critères à identifier chez de futurs N° 2 dans la deuxième colonne.

| VOS ENJEUX | ⟶ | CRITÈRES à identifier pour votre recherche |

FAIRE GRANDIR LA RENOMMÉE DE L'ENTREPRISE ⟶
RELAIS D'INFLUENCE
RELAIS DE NOTORIÉTÉ
REFERENCES TERRAIN
LEADERSHIP

PRÉPARER UNE NOUVELLE ÉTAPE DE CROISSANCE ET DE DIVERSIFICATION SE CONSACRER À LA STRATÉGIE À LONG TERME ⟶
CAPACITÉ D'ÉLARGISSEMENT
DIVERSITÉ
GLOBALITÉ
EXPERTISE
PROGRESSION
SENS DU DÉFI

PRENDRE DU RECUL POUR DE NOUVEAUX DÉVELOPPEMENTS ⟶
ÉQUILIBRE
MAÎTRISE DE SOI - SANG FROID
PRÉSENCE - LOYAUTÉ
GARANT DE LA CONTINUITÉ - COHÉRENCE VISIBLE
FLEXIBILITÉ
SOLIDITÉ - MATURITÉ
AUTONOMIE

Questionnaire d'auto-diagnostic suite

Vos compétences, vos savoir-faire, vos qualités?

Quelles sont les compétences qui ont du sens pour vous?

Quelles sont les compétences dont vous êtes fier?

Quelles sont les qualités que vous vous reconnaissez? Pouvez-vous les nommer?

Quelles sont selon vous les compétences et qualités qui vous font défaut?

Identifiez ce qui vous semble stratégique, et ce qui est plus secondaire.

.../...

Votre mode d'action	
Comment aimez-vous vous organiser, quelles sont vos priorités? Aimez-vous gérer vos objectifs étapes par étapes, ou de façon intuitive et globale? Quelles sont les manières d'agir et de réagir qui sont les plus cohérentes pour vous dans l'exercice de votre rôle?	
Vos relations avec l'environnement	
Quels sont pour vous aujourd'hui les acteurs clefs, à qui faites-vous le plus confiance? Avec qui avez-vous envie de travailler demain? Quelles personnalités? Quelles expériences vécues par d'autres personnes souhaiteriez-vous voir se développer dans votre environnement? Quels sont les acteurs stratégiques pour vous dans votre environnement? Comment voyez-vous l'évolution de l'environnement de l'entreprise? Quels sont les éléments aujourd'hui qui manquent à ce développement?	

Dans le questionnaire ci-dessus, il s'est agi de vous permettre d'entrer en contact avec vos perceptions intimes de vous même, et non pas de faire un bilan «objectif» de votre profil. C'est au chapitre 5 que l'on abordera la notion de compétences de façon exhaustive, sous l'angle du diagnostic nécessaire à une approche «recrutement».

Pour continuer votre auto-diagnostic, il est important d'examiner votre rapport au pouvoir.

2. QUELLE EST VOTRE FAÇON D'EXERCER LE POUVOIR ?

Nous vous suggérons de réflechir à votre rapport au pouvoir avec une approche teintée d'humour et en même temps très réaliste de la dynamique d'une organisation, telle qu'elle a été élaborée par Y. ENRÈGLE.

2.1 Le pouvoir d'action et de réalisateur d'Obelix

Tel Obélix, de la bande dessinée, vous tirez votre pouvoir de votre énorme capacité d'action.

Vous avez le désir que les autres fassent comme vous et la force de ce pouvoir est de susciter l'imitation. Ce pouvoir incarne l'énergie.

Votre besoin d'agir et d'entraîner les autres dans le mouvement peut vous amener à vous faire dépasser par eux. Vous avez une boulimie d'action pour l'action qui vous rend allergique au changement émanant d'une source incontrôlée et peut vous faire perdre la finalité de l'action.

Paradoxalement, cette énergie qui peut être écrasante peut représenter pour votre structure une force d'inertie

2.2 Le pouvoir de discernement et de guide d'Astérix

C'est l'ignorance des finalités qui limite le pouvoir du réalisateur et qui rend nécessaire une autre forme de pouvoir dans laquelle vous pourrez vous reconnaître. Il s'agit de celui du guide, comme celui qu'incarne Astérix. C'est le pouvoir de celui qui sait ce qu'il faut faire au bon moment pour assurer la survie ou le développement de la communauté.

Le guide sait analyser l'environnement, ses tendances, les opportunités et les risques de la situation, ce qui le conduit ensuite à déterminer les objectifs pertinents.

A la différence du réalisateur qui sait tout faire mais ne sait ce qu'il est opportun de faire, le guide sait ce qu'il est important de faire, mais ne sait pas le faire.

2.3 Le pouvoir d'organisateur, de coordinateur et de médiateur d'Abraracourcix

Pour relier ces deux formes de pouvoir une troisième est possible, c'est celle du «vieux guerrier» qui organise les relations entre le pouvoir de l'action et celui du discernement.

L'organisateur a le statut le plus élevé. Mais en même temps il n'a que le pouvoir que les deux autres lui laissent, il est donc vulnérable : il a le bras court «Abraracourcix», trouve sa dignité dans sa puissance de coordination qui s'appuie sur la volonté positive du Réalisateur et du Guide. Il a un rôle de médiateur entre des forces antagonistes pas faciles à rassembler.

Le ciment étant essentiellement l'amitié entre le réalisateur et l'organisateur, il peut être facilement mis en échec.

2.4 Le pouvoir séducteur, charismatique et mobilisateur de Panoramix

La quatrième forme de pouvoir est celle de celui qui sait rassembler autour de lui un groupe grâce à son fort pouvoir de séduction, son charisme, c'est le pouvoir de Panoramix, le Druide.

C'est le pouvoir attaché à la notoriété, il est là pour permettre à un groupe de se retrouver, de recréer la cohésion.

Le sage Panoramix sait prendre de la distance, du recul, de la hauteur et voir la situation dans son ensemble. Il permet à tout un groupe de prendre aussi de la distance par rapport à une situation difficile.

Cette prise de distance permet à chacun d'oublier ce qui divise, pour se remettre dans un état d'esprit de cohésion.

2.5 Le pouvoir de mobilisation négative du barde

C'est celui du Barde qui fait l'unanimité contre lui, malgré lui, de façon spontanée, instinctive. On ne le laisse pratiquement jamais exercer son rôle, est-il si mauvais, impossible de le savoir. Dès qu'il montre la moindre velléité de se manifester, les autres membres de la communauté le contraignent à se taire.

Lorsque le Barde veut prendre sa lyre pour entamer un début de chant, tout le monde se mobilise en oubliant les dissensions, les conflits.

Lorsque la communauté tombe dans la zizanie, il suffira que le Barde apparaisse pour que «les gaulois»oublient leurs tensions.

L'analyse du pouvoir selon ces cinq formes va vous permettre de mieux cerner votre profil personnel dominant et les zones de complémentarités à construire avec un N°2 ou plusieurs dans le cas d'une équipe de N°2.

 Si vous pouvez vous reconnaître dans plusieurs formes de pouvoir, il n'en reste pas moins qu'il y a chez vous une dominante importante. Et c'est autour de la reconnaissance de cette dominante que se construit une recherche réaliste de complémentarité. Car c'est autour des zones de pouvoir que se réalise une part importante de la construction de votre future relation.

Cette présentation métaphorique met en évidence la diversité des mécanismes de pouvoir, et la difficulté à les rendre compatibles.

Si vous voulez vous entourer d'un N° 2, il faut bien imaginer qu'il exercera de l'autorité, et que vous serez amené à apprendre à partager «ces pouvoirs», à rendre compatibles les talents et les styles.

3. ENTRE MANAGER ET LEADER, QUELLES SONT VOS PRÉFÉRENCES ET VOS TALENTS?

La forme de pouvoir que vous avez tendance à exercer influence certainement votre mode de management.

Mais au fait êtes vous plutôt un manager ou un leader?

Manager et leader doivent concourir à la réussite de l'entreprise, dans un environnement de plus en plus difficile.
Leader / Manager : Numéro 1 / Numéro 2?
Qu'est ce qui diffère entre ces deux rôles?

Quelques éléments de différentiation entre le manager et le leader	
Manager **Management**	**Leader** **Leadership**
Le management permet de gérer la complexité.	Le leadership permet de gérer le changement.
Le manager gère la complexité par une planification et une anticipation intelligentes avec des processus de validation et de contrôle. Il gère le temps, les contextes et la dynamique des personnes et de l'action.	Le leader définit la direction en créant la vision de ce changement. En l'absence d'une direction, la planification est impossible.
Le manager organise l'entreprise en créant des structures humaines cohérentes avec la direction donnée à l'entreprise.	Le leader transmet une vision d'avenir, et doit penser une communication pertinente.
Le manager crée les processus pour que la motivation soit une réalité quotidienne.	Le leader mobilise l'énergie et insuffle la motivation par la transmission de la vision.
Le manager crée les conditions de la réussite, en formalisant les décisions, et en apportant des solutions aux problèmes, ou des moyens pour trouver les solutions.	Le leader reste en dehors de l'action, il donne de la valeur au but à atteindre. Il maintient et développe l'envie des personnes en créant des liens informels.

La réflexion sur ce thème manager/leader est un point majeur. Il vous permet de faire un diagnostic personnel sur le rôle que vous désirez jouer et sur le rôle que vous jouez réellement, sur votre projet personnel pour l'entreprise et sur la place que vous pouvez laisser à d'autres, lucidement.

Certaines entreprises sont sur-managées, mais pas dirigées au sens où il n'existe pas ou plus de vision stratégique et que, de plus, cette vision n'est pas forcément partagée, ni bien communiquée.

Les entreprises ont besoin à la fois de managers et de leaders pour être efficaces dans la durée.

<table>
<tr><td colspan="3" align="center">Plutôt manager ou plutôt leader?</td></tr>
<tr><td></td><td align="center">Réponse A</td><td align="center">Réponse B</td></tr>
<tr><td>A. Aimez-vous donner une vision claire des orientations de votre entreprise ou de votre service?

B. Aimez-vous mettre en œuvre les objectifs opérationnels?</td><td></td><td></td></tr>
<tr><td>A. Générez-vous de l'enthousiasme et de l'engagement autour des projets développés par votre entreprise?

B. Participez-vous activement au développement des plans d'actions de vos collaborateurs ou du suivi de ces plans?</td><td></td><td></td></tr>
<tr><td>A. Etes vous plutôt passionné par la possibilité de piloter de grands changements dans votre entreprise?

B. Préférez-vous vous consacrer à un objectif prioritaire, jusqu'à sa réalisation complète?</td><td></td><td></td></tr>
<tr><td>A. Aimez-vous projeter votre entreprise ou votre service dans un futur à 5 ans ou plus?

B. Aimez-vous mettre au point des plans précis et construits avec des objectifs pour chaque étape?</td><td></td><td></td></tr>
<tr><td>A. Aimez-vous communiquer régulièrement à vos collaborateurs les principaux changements qui vont faire l'avenir de l'entreprise?

B. Aimez-vous plutôt répondre aux inquiétudes et questions quotidiennes des collaborateurs?</td><td></td><td></td></tr>
</table>

Choisissez une seule réponse pour chacun des thèmes proposés.

Si vous avez un plus grand nombre de réponses A vous êtes plutôt un leader.

Si vous avez plutôt un grand nombre de réponses B, vous êtes plutôt un manager.

Si vos réponses sont en nombre égal sur les deux thèmes c'est que vous pensez avoir les deux types d'approche. Mais demandez à votre environnement proche de répondre pour vous, et comparez les résultats!...

Si vous vous sentez-vous plutôt leader, voulez-vous rechercher un manager? Avec quelles attributions?

Si vous êtes plutôt manager, pouvez-vous accepter de choisir un leader? Quelle place lui laissez-vous prendre?

Si vous êtes plutôt un leader, voulez-vous renforcer la dynamique du leadership en recherchant la présence d'autre(s) leader(s).

Aujourd'hui se poser la question du leadership est essentiel, car c'est autour de la vision, de l'orientation de votre entreprise que se font les vrais choix, notamment en matière d'hommes.

Le leadership peut être partagé autour d'une vision commune et dans la mise en place des processus qui construisent l'entreprise.

Le leadership peut se multiplier pour donner une forte énergie à l'ensemble de l'entreprise.

4. UTILISEZ-VOUS VOTRE INTELLIGENCE ÉMOTIONNELLE, DIMENSION CACHÉE DE VOTRE LEADERSHIP?

Quand on évoque la notion de leader et de leadership, on parle souvent de la dimension mystérieuse du charisme de ce grand personnage, doué d'une puissance exceptionnelle, sans donner d'explication, ni de possibilité de compréhension de ce phénomène.

Les grands leaders sont ceux qui nous transportent, nous donnent envie de participer à un projet qui a du sens, et ils nous touchent profondément. Leur plus grand talent est de créer une résonance émotionnelle forte.

Cette dimension du leadership commence à faire l'objet de nombreuses études qui montrent comment cette énergie émotionnelle influence de façon indiscutable les résultats d'une entreprise, et sa performance réelle.

Les leaders les plus efficaces sont ceux qui influencent de façon positive les émotions de leurs collaborateurs.

Lorsque vous communiquez avec votre environnement vous communiquez aussi votre état interne, votre lien aux autres, votre degré d'ouverture, votre capacité d'échange.

C'est ce qui peut expliquer qu'un leader formel, ne soit pas le vrai leader, le vrai meneur, car peut être ne possède t-il pas cette capacité à créer cette résonance émotionnelle d'ouverture, qui crée la réelle écoute et la possibilité de l'engagement.

Nous savons aujourd'hui de manière sérieuse que les émotions négatives : le ressentiment, l'angoisse chronique, un sentiment d'inutilité ont un impact très négatif sur le travail, en détournant l'attention des personnes.

Les différentes études montrent qu'au delà de la pression professionnelle normale propre à chaque métier, parfois de la pression spécifique rencontrée dans certaines activités en contact avec la clientèle, les politiques de l'entreprise, ce sont les interactions avec les supérieurs hiérarchiques générant des sentiments négatifs du type : frustration, colère, déception dégoût, qui ont le plus d'impact nuisible sur l'état émotionnel des collaborateurs.

Cette possible détresse émotionnelle diminue les facultés mentales et réduits les «talents sociaux» des personnes.

> *PLUS UNE ENTREPRISE FAVORISE DES ÉCHANGES ÉMOTION-*
> *NELS DE QUALITÉ, PLUS ELLE FAVORISE SA PROPRE RÉUSSITE.*

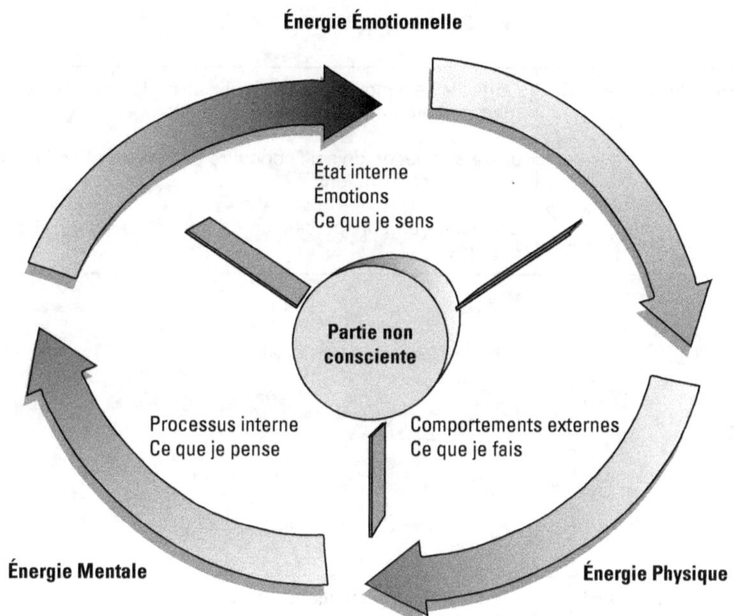

Schéma 3.2. **Être acteur implique l'ensemble de la personne**

Aujourd'hui on peut mesurer de façon précise le lien entre la qualité du commandement, la qualité du climat et les résultats de l'entreprise.

Parler de l'intelligence émotionnelle d'un leader, ne revient pas à dire que la réussite de l'entreprise repose sur la seule présence d'un leader charismatique, cela veut plutôt dire que les entreprises devront cultiver des comportements de leadership à tous les niveaux de l'organisation pour multiplier la qualité du climat relationnel, et le niveau de l'intelligence émotionnelle globale.

Voici un tableau (d'après DAVID GOLEMAN) des compétences qui expriment cette intelligence émotionnelle.

Situez-vous sur chaque niveau sur une échelle de 1 à 5 :

Conscience de soi	Conscience émotionnelle de soi : savoir lire ses émotions et mesurer leur impact, utiliser son intuition. Juste évaluation de soi : connaître ses forces et ses fragilités et leurs manifestations. Confiance en soi : perception de sa propre valeur et de ses capacités.

Situez-vous sur une échelle de 1 à 5

2   3   4   5

Gestion de soi	Maîtrise de ses émotions : savoir gérer ses émotions déstabilisantes. Transparence : faire preuve d'honnêteté et d'intégrité. Adaptabilité : flexibilité, capacité d'adaptation au changement. Capacité à gérer les obstacles. Réalisation : volonté d'aller vers l'excellence personnelle. Initiative : capacité à aller vers, les autres et l'action, susciter les initiatives. Optimisme : voir le bon côté des choses.

Situez-vous sur une échelle de 1 à 5

2   3   4   5

Intelligence interpersonnelle : conscience des autres	Empathie : entrer en contact avec les émotions des autres, comprendre leur point de vue, leurs préoccupations. Conscience organisationnelle : savoir lire les courants et les tendances, les réseaux d'influence et les forces politiques. Sens du service : reconnaître et répondre aux besoins de ses équipes, des clients et des consommateurs.

Situez-vous sur une échelle de 1 à 5

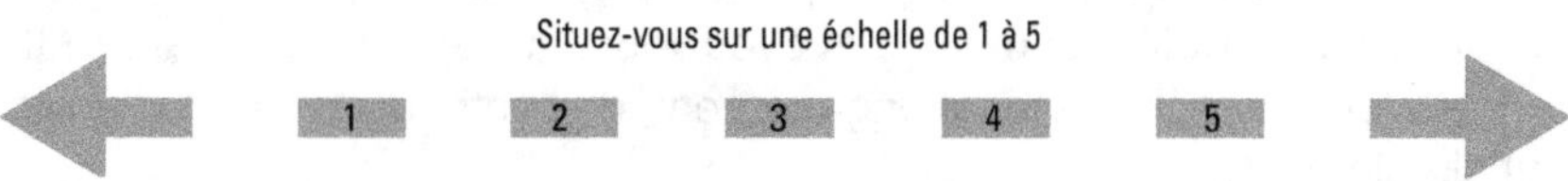

Gestions des relations	Leadership positif : savoir guider et motiver avec une vision enthousiaste. Influence : capacité à développer de la persuasion intelligente et cohérente.

Situez-vous sur une échelle de 1 à 5

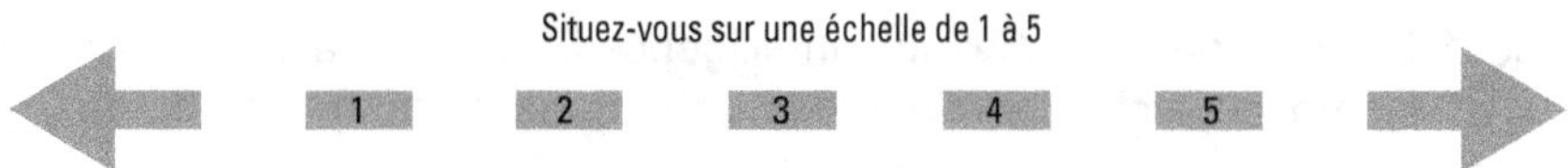

Deux de ces dimensions *l'intelligence interpersonnelle* et *la gestion des relations* méritent une attention particulière.

Dans ces deux dimensions on peut trouver une qualité particulière : l'empathie. Elle n'est pas synonyme d'une sorte de faiblesse, d'une envie de faire plaisir à tout le monde. Elle crée la résonance émotionnelle : la prise en compte des sentiments des collaborateurs, la compréhension de leurs perceptions devient un outil de guidage pour maintenir une communication cohérente.

L'empathie est une compétence fondamentale pour répondre aux besoins des clients, des consommateurs, elle est une compétence clef de l'entreprise pour conserver ses talents.

Lorsqu'un leader se comporte de manière déloyale ou manipulatrice les équipes ont un radar émotionnel naturel, intuitif qui met en jeu la confiance.

Ce sujet un peu tabou pour de très sérieux chefs d'entreprise, mérite que vous lui accordiez un peu d'intérêt, c'est aussi l'envie que vous donnez aux autres de travailler pour vous et avec vous, qui fera que vous allez attirer les talents, susciter un vrai engagement, de l'enthousiasme, de l'envie, tout simplement…

5. QUELS SONT VOS POINTS FORTS ET VOS FRAGILITÉS DE LEADER?

Où en êtes-vous sur le sujet des compétences relationnelles? Prenez le temps de faire le point sur les dimensions présentées dans le tableau ci-dessus.

Que diriez-vous de votre niveau d'intelligence émotionnelle? Ce diagnostic est une nouvelle chance d'identifier les critères de complémentarités.

Où vous situez-vous sur l'échelle de 1 à 5, pour chaque niveau : que diriez-vous de vos qualités personnelles?

Comment votre futur partenaire va-t-il venir enrichir vos compétences relationnelles, les enrichir de façon avantageuse, pour donner du souffle à votre projet, à votre entreprise?

Si votre potentiel relationnel est fort, acceptez-vous que d'autre(s) puissent à vos côtés développer également leur propre rayonnement?

Si votre potentiel est faible est-il possible pour vous d'envisager de progresser, et aussi de partager des responsabilités avec une personne dont le potentiel serait supérieur au votre?

6. QUEL EST VOTRE STYLE DE LEADERSHIP ET QUEL IMPACT A-T-IL SUR VOTRE ENTOURAGE?

Selon DAVID GOLEMAN, certains styles de leaders créent une vraie résonance auprès de leurs équipes, et démultiplient les performances, par exemple :

- Le visionnaire
- L'entraîneur
- Le partenaire
- Le démocratique

Le leader visionnaire

C'est celui pour lequel l'empathie compte le plus. Pour lui la diffusion du savoir est la source de réussite. Il définit des finalités auxquelles il croit profondément, il s'appuie sur les valeurs des individus qu'il dirige. Il doit être dans la transparence, la clarté pour donner du sens à sa vision. Il est essentiel quand une entreprise à besoin d'un grand changement ou se trouve à la dérive, d'avoir un leader porteur d'une vraie vision qui parle à la fois vrai, et recrée un espoir sur des fondements.

Le leader entraîneur

Il est proche des collaborateurs, il sait prendre le temps de connaître les personnes, il utilise le feed-back pour faire progresser les collaborateurs.

Il les aide à identifier leurs points forts, il leur apporte écoute et conseils dans le meilleur intérêt pour l'autre. C'est un coach pour les autres.

Le leader partenaire

C'est un constructeur de relations. Il n'hésite pas à exprimer ses sentiments, il peut réprimander, il croit que les interactions de qualité sont des conditions de réalisation de la performance; il se centre sur la création de l'harmonie indispensable au bon fonctionnement d'une équipe.

Le leader démocratique

C'est un style qui fonctionne bien pour faire jaillir des idées créatives, pour redonner du souffle, c'est une personne qui s'entoure de conseils et de personnes expérimentées.

Ce leader veut savoir ce qui se passe vraiment autour de lui, il a une forte capacité d'écoute et doit pouvoir tout entendre.

Il fonctionne souvent comme membre à part entière d'une équipe, plutôt que par une position de supérieur hiérarchique.

Les inconvénients de ce profil sont la lenteur des prises de décision, la lourdeur de la recherche d'un consensus parfois impossible.

Ce type de leader développe particulièrement le sens du travail en équipe, la collaboration, et prend du temps pour gérer les éventuels conflits.

D'autres formes de leadership jouent une rôle de «dissonance», qui peut avoir une importance réelle, selon les situations.

Le leader gagneur

Il est très orienté sur l'efficacité et la création de résultats. Il se réfère à des normes de performance très élevées, il veut toujours faire plus et plus vite, avec un très fort niveau d'exigence, identique pour tous!

Il marche à la pression permanente, ce qui lui réussit très bien à lui-même mais beaucoup moins bien quand il veut en faire la norme de base pour tous.

Il a une énorme force de travail, une grande capacité d'action qu'il attend de chacun autour de lui. Si les choses ne sont pas faites, il les fait volontiers à la place des autres…

Le management global des compétences et des talents dans une situation complexe, qui nécessite de la délégation, de la patience, de la confiance dans les autres n'est pas dans ses préférences.

Le leader autoritaire

C'est un leader coercitif, qui a besoin d'imposer son influence par la force, à coup d'ordres, parfois de cris, même de menaces si cela est nécessaire à ses yeux pour atteindre l'objectif.

Il a besoin que l'on se conforme totalement à ses exigences, immédiatement, sans donner la moindre explication.

Il a besoin de tout contrôler et maîtriser, avec une tendance immédiate à chercher d'abord l'erreur.

Cette forme de leadership peut être efficace en période de crise aigue, ou en situation d'urgence.

RÉSONANCE ET DISSONANCE

De nombreuses recherches ont mis en évidence la supériorité de la prise de décision collective sur la décision individuelle, sauf si le groupe manque cruellement d'harmonie. En effet, s'ils manifestent des qualités d'intelligence émotionnelle les groupes sont plus intelligents que les individus. Mais pour que ces qualités se développent, il faut les promouvoir en interne, et le rôle du leader est alors central.

Dans quels rôles vous retrouvez-vous le mieux dans votre manière de développer les équipes?

Comment votre N°2 pourrait-il venir compléter ces formes de dialogue avec vos collaborateurs?

Pour faire une synthèse de votre rôle de leader, au-delà des qualités indispensables à développer en vous et autour de vous, voici un schéma inspiré du travail de ROBERT DILTS également spécialiste du leadership, qui met en lumière les différents axes possibles de l'action du leader.

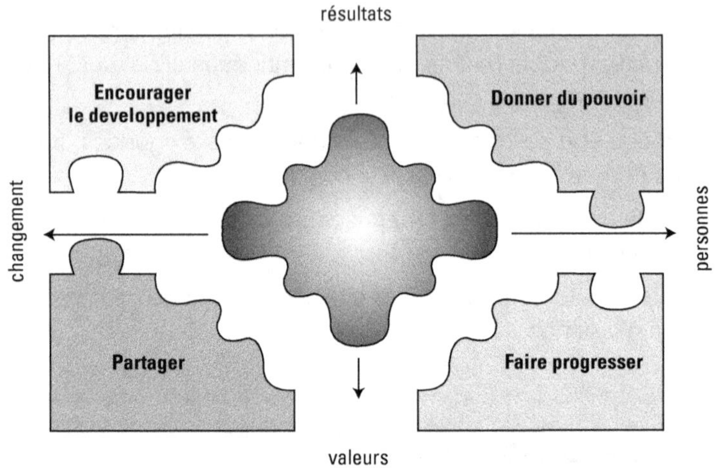

Schéma 3.3. **Modes d'action d'un leader d'entreprise**

Ce schéma met en évidence la diversité et la richesse des axes sur lesquels un leader doit porter son attention pour développer le maximum d'impact positif sur l'entreprise et sur ses collaborateurs.

Il permet de mettre en évidence les points cardinaux de votre action de patron :

Vous avez à la fois à «pousser» votre entreprise pour qu'elle bouge, et elle aussi peut vous pousser à dépasser vos exigences pour que l'ensemble génère du résultat c'est le cadrant «nord-ouest», celui que vous faites vivre quand vous amenez votre entreprise à son meilleur, sans crainte du changement, en le provoquant.

Pour amener l'entreprise à son meilleur, il est vital de générer du résultat.

Pour générer du résultat il est important de donner du pouvoir et de la responsabilité aux personnes à la fois pour faire grandir l'entreprise, mais aussi pour que les personnes s'enrichissent dans leur apprentissage, et leur expérience, et qu'elles restent mobilisées. C'est le secteur Nord-est, Nord Ouest.

Tout ceci n'a de sens que si vous restez clair et cohérent sur les valeurs de fond de votre entreprise, que vous les communiquez, les faites partager et si vous les illustrez au quotidien à travers votre conduite personnelle : (exemplarité) Sud-est, Sud-ouest.

Profitez de cette lecture pour faire le point sur ces aspects fondamentaux du leadership, qui restent souvent dans l'ombre, dans le non-dit, et explosent violemment lorsque les personnalités sont confrontées à l'impossibilité de fonctionner ensemble.

La question du N° 2 vous permet de faire un point complet sur vous même et sur la nature des liens que vous voulez vraiment créer à partir de votre vision, mais aussi de la réalité de votre personnalité, de vos qualités, de vos fragilités.

Que vous soyez leader ou manager, c'est aujourd'hui l'opportunité pour vous d'estimer ou vous vous situez et si vous pouvez ou non assumer tout seul ces différentes formes de présence et d'influence.

Plus vous serez clair sur votre vraie nature de dirigeant et vos aspirations, plus vous comprendrez de l'intérieur de quel appui vous avez vraiment besoin. Ce travail sur soi peut faire peur, car il est difficile, exigeant, demande une grande volonté personnelle de la part du dirigeant. Lorsqu'on arrive à un certain statut il est parfois plus confortable de ne pas bousculer son ego…

Et pourtant concevoir une de vos missions comme celle d'accroître le rayonnement de votre entreprise par la puissance de l'énergie de ces dirigeants est un beau projet.

Exemple

Une autre de nos missions nous a conduit à aider un dirigeant à ne pas renouveller une erreur, après un premier échec dans le choix de son adjoint.
C'est essentiellement par cette approche fine des différentes facettes de sa propre personnalité qu'il a pu mettre en évidence de façon explicite qu'il lui fallait un partenaire suffisamment fort dans son leadership.
Un N°2 capable de lui tenir tête, pour de bonnes raisons, de lui apporter une vraie solidité dans la construction et dans la diffusion de sa vision stratégique.

7. Qu'est-ce qui, en vous, pourrait séduire votre N°2 ?

Votre charisme, votre notoriété

La personne que vous allez rechercher peut-être sensible au fait que vous représentiez un nom, une place dans le domaine qui est le vôtre. Votre entreprise et sa progression sont des atouts, la nature de son évolution, sa diversification, que vous avez insufflées sont des éléments de valeur.

Votre parcours

Dans le même ordre d'idée la façon dont vous avez cheminé pour arriver à votre poste actuel, les étapes pas toujours simples que vous avez sans doute vécues, votre capacité à avoir surmonté les difficultés, les obstacles, voire les échecs donnent aussi du sens à un partenariat avec vous.

Une vraie opportunité de prendre des responsabilités

La façon dont vous allez valoriser la réelle complémentarité par votre lucidité sur les manques réels que vous souhaitez combler.

L'estime que vous allez manifester pour des compétences techniques, managériales sans oublier relationnelles, que vous n'avez pas suffisamment.

La délégation de pouvoir, l'espace, le territoire que vous pouvez offrir à ce nouveau partenaire sont également des points forts.

La responsabilité peut s'exprimer en termes d'exigences sur des résultats, mais aussi en terme de reconnaissance de la prise de risque que vous proposez.

Prenez le temps d'envisager des scénarios de partenariat possible :

- quel statut : salarié et/ou actionnaire, dans quelle proportion, dans quelle configuration, quelle progression, quels avantages ?
- quelle délégation officielle visible pour votre environnement ?

- Serait-il en mesure d'être votre homme de confiance dans un conseil de surveillance?
- Comment allez-vous présenter ce nouveau partenaire, auprès de qui allez-vous l'introduire, quel type d'accès aux informations clefs voulez-vous lui donner? C'est le moment de réfléchir sur des règles de fonctionnement indispensables à la confiance.
- Prenez le temps de réfléchir à tout ce qui est de nature à créer la confiance, et gardez-vous un espace possible pour ajuster ces règles avec votre futur partenaire.

  Vous serez amené à repenser ces différents thèmes au chapitre 5, à travers l'approche «recrutement».

Une possibilité exceptionnelle d'arriver en première ligne, accéder au pouvoir

Si vous avez décidé de penser à votre départ, ou de partager beaucoup plus votre pouvoir, vous pouvez créer les conditions d'un relais formateur et attractif avec des étapes de prises de responsabilités progressives.

C'est une opportunité pour votre futur N°2 d'élargir ses responsabilités, de traiter avec vous des dossiers majeurs, de «s'exposer» beaucoup plus qu'il n'en avait l'habitude.

Vous pouvez représenter pour votre N°2 l'opportunité de se faire entendre, de rentrer en contact avec des cercles plus larges, de participer à des prises de décisions importantes, d'avoir un rôle «d'ambassadeur», de représentant de l'image de marque de l'entreprise.

S'épanouir enfin dans un vrai partenariat / Valoriser des compétences sous-estimées jusqu'alors

Une occasion pour créer un lien particulier à travers lequel confiance, transparence et soutien deviennent des réflexes naturels du quotidien.

Et pour vous une opportunité de jouer un autre rôle : celui d'Eveilleur ou de «Sponsor», qui crée les conditions de la réussite d'un nouvel acteur majeur.

Votre futur N°2 recherche peut-être enfin la reconnaissance de la vraie dimension de son talent.

8. Quelles aspirations et quels rôles du N°2 êtes-vous prêt à accepter?

Nous vous proposons ici de mieux comprendre les différentes aspirations possibles d'un N°2, de repérer ses leviers d'action.

Notre expérience nous permet d'avoir relevé quelques «types de projets», pensés par des N°2 représentant des profils très variés.

8.1 L'ambition de devenir N°1

Le calife à la place du calife

Nous avons tous en tête les manœuvres du personnage de bande dessinée IZNOGOOD le Grand Vizir qui veut devenir Calife à la place du Calife. Quel dosage subtil le N°1 est il capable d'accepter entre ses différentes facettes?

Vous, N°1, acceptez-vous d'être courtisé?

Jusqu'où acceptez-vous le comportement d'un collaborateur qui introduit des jeux de pouvoir dans votre relation et avec d'autres collaborateurs? Il vous faut identifier ce qui est en accord avec vos valeurs et principes managériaux, avec votre éthique.

Bien évidemment cela nous renvoie aux questions concernant ce que vous voulez faire de votre entreprise.

L'ambitieux clair

Avoir votre successeur à bord et tout préparer dans l'idée de le voir vous succéder est un très beau projet, peut-être celui dont un N° 1 peut rêver!

Devenir N°1 peut donc être une saine ambition qui peut se réaliser dans une autre entreprise si celle-ci n'est pas possible dans votre organisation pour toutes sortes de raisons. Etre numéro 2 à vos côtés, aura été une période d'apprentissage pour ce futur N°1 dans un autre environnement.

8.2 L'ambition du N° 2 est bien d'être N°2

Le vrai second

Il est bien à sa place dans la mitoyenneté du N°1. Un équilibre est créé. Le N°2 est à la fois utile au N°1 sur des champs complémentaires. Il est satisfait d'être proche des responsabilités ultimes qu'il peut observer, comprendre, auxquelles il peut participer partiellement, sans les assurer toutefois lui-même complètement. Un compagnonnage s'est établi avec le temps. L'utilité, la nécessité, l'habitude peut-être, en tous cas la loyauté, la confiance sont là. Le N°2 est un adjoint clair dont le champ d'intervention complémentaire à celui du N°1 est reconnu également par les autres membres de l'organisation. Les champs de complémentarité couvrent également la représentation extérieure de l'entreprise. Tel Président nous a dit un jour, nous le citons « être présent au syndicat national ne peut plus être une priorité pour moi, je suis tout au développement produits et au développement international, mon DG doit pouvoir représenter l'entreprise dans la profession ».

Dans ce scénario le N° 2 reçoit en retour du N°1 le sentiment de jouer un rôle précieux face à la solitude fréquente de son dirigeant. Il assume ce rôle d'adjoint, d'aide de camp.

Si le N° 1 que vous êtes sait identifier, reconnaître et valoriser cette position à sa juste contribution, vous aurez à vos côtés un N°2 dévoué.

L'éminence grise

Le N°2 joue un rôle implicite. Il est l'éminence grise. Son rôle est peu défini, il joue un rôle d'influence pas toujours très clair pour l'extérieur, mais le N°1 y trouve son intérêt. C'est la condition, bien sur! Nous avons entendu le dirigeant de l'un des plus grands groupes français dans une réunion privée dire que son DRH était «son âme damnée». Et son DRH était bien l'un des N° 2 ex æquo autour de lui.

Le N°2 fou du roi, toléré par le N°1

Dans cette situation le N°2 joue le rôle de «bouffon» : sans avoir des conséquences fâcheuses sur le développement de l'organisation, ce type de relation reste ambiguë... S'agit-il d'un «coup de folie», d'une recherche d'originalité, d'un excès de narcissisme du N°1. Ce mode relationnel est de toute façon éphémère et pervers, il ne peut pas créer de valeur dans la durée, et peut entraîner une forte perte de crédibilité. Notre expérience nous montre que cette «construction» est sans avenir.

Le N°2 major d'homme

Il s'agit d'un tandem qui entretient un lien très fort et aussi une grande co-dépendance. Le N°2 est entièrement dévoué.

Il aide son patron et y trouve son compte, pour peut-être s'aider lui-même? Il est indispensable, incontournable dans l'ombre, toujours présent, docile et loyal.

8.3 Le N°2 et le N°1 sont statutairement complémentaires

Le N° 2 ne peut pas prendre la première place par définition. On trouve cette situation dans les CCI, les syndicats professionnels, les collectivités territoriales, les Sociétés d'Economie Mixte, l'univers de l'économie sociale avec les associations, les ONG... bref, dans un très grand nombre d'organisations constituant en France des pans entiers de l'activité économique marchande et non marchande. C'est le «tandem : élu/permanent» à l'échelon du Président et du Directeur général.

L'harmonie de ce «tandem», de ce binôme est fragile. Qu'une nouvelle élection amène un nouveau Président et la motivation du Directeur «permanent», peut être fortement affectée. Une incompatibilité dans ce tandem verrait sûrement à court ou moyen terme le départ du N°2 (véritable N°1 opérationnel). D'autres proches collaborateurs, peuvent également en être victimes, dans la logique du fameux «système des dépouilles», le «spoil system» bien connu après chaque élection présidentielle aux Etats-Unis.

On touche ici également à la problématique de la «Gouvernance d'Entreprise» et à ce que nous appelons son «sablier». Dans la partie supérieure du sablier se trouvent les administrateurs, les membres du Conseil de Surveillance, le Bureau, le Président... Dans la partie basse du sablier, au sommet, juste après le goulot d'étranglement se trouve le Directeur.

Le Président doit donc bien appréhender le contexte de sa relation avec le dirigeant opérationnel. L'entente et la complicité sont essentielles pour le succès du binôme et celui de l'organisation.

Rappelez-vous que votre N°2 ne doit pas être un clône, un élément de décoration, un sauveur, ou un fossoyeur, il doit être lui-même, différent, proche et complémentaire.

La réelle complémentarité n'a de sens que dans l'acceptation de la différence.

Accepter la différence c'est savoir imaginer une autre manière de penser, une autre façon de décider, une autre façon de communiquer, un autre langage, d'autres réactions dans des circonstances identiques.

Accepter la différence signifie reconnaître un espace possible de contradiction, de décalage et de contraste pour enrichir des modes de pensée et des pratiques.

Partie 2

RECRUTEZ VOTRE N° 2 ET RÉUSSISSEZ VOTRE CHOIX

Chapitre 4

DÉCIDEZ DE VOTRE DÉMARCHE DE RECHERCHE

Vous avez clairement décidé de vous lancer dans une démarche active de recrutement.

Il vous faut maintenant choisir la démarche la plus sûre et la plus cohérente pour aller au bout de votre intention.

1. VOTRE RESSOURCE EST DÉJÀ DANS L'ENTREPRISE : OPTEZ POUR LE RECRUTEMENT INTERNE

Votre N°2 est-il déjà dans l'entreprise?

C'est une question que nous posons toujours lorsque nous sommes consultés pour une mission de recrutement. Il nous arrive de pousser un dirigeant dans ses retranchements pour qu'il réponde véritablement à la question.

En effet, un dirigeant a pour mission d'amener ses collaborateurs à leur «meilleur», de recruter de très bons éléments et de leur permettre de faire un parcours digne d'eux-mêmes.

On peut même aller jusqu'à dire, qu'il est important qu'il choisisse de meilleurs que lui, en tout cas sur certains champs d'expertise, ou dans la complémentarité.

Lorsque que votre attention en tant que N°1 est réelle et que les circonstances ont été favorables, un N°2 (ou des N°2) peut émerger dans l'organisation.

Selon son ambition personnelle, sa capacité à se situer et à communiquer avec son dirigeant, et selon les jeux de décision et de pouvoir, un collaborateur interne peut se trouver dans plusieurs positions :

- S'être déclaré pour continuer sa progression et attendre une promotion.
- Ne pas s'être déclaré par prudence ou tactique, espérant que vous avez détecté ses aspirations.
- Ignorer tout du dessein que vous pourriez avoir pour lui.

1.1 Le candidat interne se déclare

Dans cette première situation, les choses sont claires et vous êtes à même de juger si cela vous convient ou non, si cela vous convient partiellement, et de réfléchir aux aménagements et accompagnements nécessaires.

Avant de décider si cette candidature interne vous convient, avant de lui donner un «oui» définitif, nous vous recommandons de professionnaliser votre processus de décision.

Vous pouvez travailler avec votre collaborateur, sur votre relation, sur sa mission, ses tâches, et les conséquences du changement de sa position en interne.

L'avantage est de taille si les évènements ont permis une montée en puissance régulière. Dans ce cas vous avez choisi une solution très valorisante pour quelqu'un qui aura réalisé un beau parcours dans l'entreprise, et qui sera en principe stimulé dans son engagement. Les autres salariés y verront aussi un modèle de progression possible pour eux comme pour d'autres.

Le plus important consiste à bien analyser la manière d'associer les autres membres de l'équipe de direction à cette décision. C'est une étape à préparer avec attention pour réunir les conditions les plus propices à l'émergence du N°2.

Exemple

Dans une moyenne entreprise indépendante de 1000 salariés réputée dans son activité, le futur N°2 était chef d'un important service transversal de l'entreprise. Il s'est déclaré, ayant été informé lors d'un Comité de direction des réflexions du Président Directeur Général à propos de la création d'un poste de Secrétaire Général, N°2 de l'entreprise.

> *(exemple : suite)* Présent à la source de la réflexion du N°1, et à la source de l'information, il a pu répondre avec succès à la demande. Dans le cas présent, ni concurrence interne, ni mauvaise auto-estimation de ses capacités ne sont venues complexifier la situation. Il peut bien sûr exister des variantes plus délicates à traiter.

Dans de telles situations, il nous arrive d'être conseil pour analyser une ou plusieurs candidatures internes, le regard extérieur du consultant permettant le recul indispensable. Cette intervention qui peut paraître ponctuelle mérite en réalité de la part du consultant une analyse avancée des enjeux et du contexte.

La réalité peut amener enfin le N°1 à une décision de promotion d'un collaborateur au fil du temps. Cela se fait naturellement sans que la question du QUI ? se pose. Dans ce cas, c'est la question du « COMMENT » pour rendre cette décision cohérente avec l'organisation, qui prime.

Exemple

> Il nous est arrivé d'intervenir à 2 consultants en position de coach pour accompagner le Président Directeur Général et le Directeur Industriel, (également Directeur de l'un des sites de production) pour le passage de ce dernier au poste de Directeur Général. Nous avons animé trois séances de travail d'une demi-journée programmées dans les deux mois qui précédaient la réunion générale des salariés, au cours de laquelle serait annoncée cette nomination. Ces séances ont eu lieu dans un lieu neutre.
>
> Elles ont permis de faire prendre conscience à chacun des protagonistes (le Président et son futur DG), de l'ensemble des éléments de leurs futures relations et de leurs cadres de références respectifs. Entre ces séances de coaching, nos interlocuteurs ont adopté le principe de réunions de travail entre eux, et mis au point le

«lancement» de leur nouvelle collaboration. Ils ont également ment listé les conséquences prévisibles de cette décision pour eux, pour l'organisation, pour les membres du comité de direction, pour l'ensemble des salariés, des clients et partenaires, en établissant en parallèle des plans d'actions ou de réactions.

1.2 Il doit exister un candidat interne, mais il hésite à se déclarer

Nous vous recommandons de vérifier si un candidat interne existe et de le «débusquer» pour comprendre les raisons de sa réserve et valider ses compétences et motivations.

Permettez-lui de se déclarer. Vous ne savez pas s'il existe, qui il est, il vous faut donc trouver des indices d'intérêts potentiels.

La pudeur peut être la cause de ce silence. L'habitude et la crainte de remettre en cause des équilibres de pouvoir, de hiérarchie, l'appréhension de la réaction des autres peuvent également être des explications.

Laisser les choses en l'état, alors que vous êtes prêt à examiner une candidature interne serait de l'ordre du «gâchis». Si vous n'avez pas d'indice sur un candidat interne, le risque est que vous lanciez un recrutement externe en laissant quelqu'un de bien sur la touche, certainement perdu pour vous à terme.

Autre cas de figure, vous avez été peu attentif ou disponible pour «constater» la progression de quelqu'un venant de l'interne et vous êtes tout simplement aveugle! ...

La situation n'est parfois pas aussi simple, les éléments sont trop imbriqués et complexes pour permettre de favoriser l'expression de cette hypothétique candidature interne non déclarée :

- un collaborateur talentueux mais arrivé trop récemment pour être crédible a priori,

- votre préférence consciente ou inconsciente pour un candidat externe qui apporterait une expérience neuve venant de l'extérieur,
- votre volonté réelle de maintenir un collaborateur dans sa mission actuelle qui répond si bien aux enjeux du présent et dont l'évolution serait au fond très déstabilisante.
- ...

L'évocation des enjeux et de la complémentarité de la collaboration

Si vous parvenez à identifier ce prétendant interne secret ou caché, nous vous invitons, avant votre oui définitif, à évoquer avec lui les enjeux, les tenants et les aboutissants de votre collaboration et votre complémentarité.

Pour cela, vous pourrez avoir avantage à avoir recours à des outils. Certains d'entre eux permettent d'utiliser la carte des complémentarités entre deux personnes (T.M.S, MBTI, SOSIE, D5D...).

Ces exercices de connaissance croisée, avec l'aide d'un regard extérieur, peuvent vous aider dans la décision. Vous montrerez également à votre interlocuteur tout le soin et le sérieux que vous placez dans cette démarche.

Le recours aux outils de connaissance croisée de la personnalité

Différents outils comme le MBTI, le TMS, le SOSIE, le D5D, vous sont présentés en Annexe 1, à la fin de l'ouvrage. Cette présentation vous aidera à découvrir les différentes approches de compréhension de la personne.

1.3   Le candidat interne est à révéler

Votre collaborateur, futur N°2, n'a pas conscience que vous êtes prêt à parier sur lui. Vous souhaitez faire appel à une personne de l'intérieur pour différentes raisons : stabilité des équipes, continuité rapide après un départ brutal... Vous avez observé à son insu les qualités d'un collaborateur et c'est à lui que vous proposez le poste.

Faites cependant attention à ne pas envoyer cet homme ou cette femme au «feu» par facilité!

Exemple

> Nous avons accompagné la prise de Direction Générale d'une filiale par son ancien Directeur Commercial à la demande du Président et du Directeur des Ressources Humaines d'un groupe. (Dans le cas évoqué, le Président Directeur Général est en réalité entouré de plusieurs N°2 qui sont ses Directeurs de filiales et les Directeurs fonctionnels).
>
> Le Président faisait preuve d'audace et de clairvoyance pour oser donner une telle responsabilité à quelqu'un qui ne s'y attendait pas et qui n'était pas prêt. Le Président et le DRH étaient également conscients du risque qu'ils allaient lui faire prendre et qu'ils allaient prendre eux-mêmes pour l'entreprise. C'est la raison pour laquelle ils ont proposé à ce nouveau jeune Directeur Général un coaching individuel dans sa prise de fonction, que nous avons mis en œuvre en tant que consultant coach puisque ce jeune dirigeant s'est déclaré très favorable à cette démarche.
>
> Le Président a également veillé à être particulièrement disponible pour être présent et jalonner de rendez-vous et de points formels et informels la prise de responsabilité. Faire «monter trois marches d'un coup», génère un risque qu'il faut réduire et maîtriser, c'est aussi le rôle d'un N° 1.

Un recrutement interne est souvent une excellente solution, les avantages sont nombreux : continuité, cohérence de culture, connaissance des acteurs, partage des valeurs et du sens avec le dirigeant.

Nous vous recommandons donc de toujours l'envisager, d'y penser à l'avance, d'être attentif aux formations et aux occasions de mise en situation que vous donnez à vos collaborateurs, (mission ou dossier particulier, mise en place d'un projet transversal de l'entreprise).

Si toutefois, vous ne disposez pas de candidatures intéressantes en interne, alors il faut nécessairement vous tourner vers l'extérieur. Cette solution comprend également des avantages réels : apport de compétences nouvelles, de «sang neuf», de manières de regarder différemment votre organisation et votre activité. Il faut donc bien définir le processus que vous allez mettre en œuvre pour réussir ce recrutement externe.

2. VOUS N'AVEZ PAS DE RESSOURCE DANS L'ENTREPRISE : OPTEZ POUR UN RECRUTEMENT EXTERNE

La décision est prise de lancer le recrutement de votre N° 2 en le recherchant à l'extérieur de l'entreprise, il s'agit désormais de définir le processus de recrutement le mieux adapté, la meilleure démarche.

En réalité, il n'y a pas de «meilleure démarche» dans l'absolu, mais plutôt une manière d'avancer dans votre démarche qui vous correspond et qui est la plus en phase avec vos impératifs.

Il existe au moins trois démarches :

- la recherche autonome (faire soi même),
- la recherche internalisée (faire avec les moyens de l'entreprise),
- la recherche externalisée (faire intervenir un prestataire)

Soulignons que chacune de ces trois approches n'est pas exclusive des deux autres et qu'elles peuvent être mises en œuvre de manière partiellement ou entièrement simultanée. C'est uniquement dans un but de clarté que nous adoptons cette différenciation.

Examinons les particularités, avantages et inconvénients de chacune d'entre elles.

Il est utile de rappeler que vous mettez en œuvre un processus d'ensemble. La conscience que vous conserverez de la globalité de cette démarche rendra ce projet de recrutement et d'investissement, efficace, vivant, et plus intelligent.

2.1 Faites vous-même une recherche autonome

Vous décidez de mettre en œuvre vous-même, en tant que dirigeant, la recherche de votre N°2. Vous envisagez de conduire sa réalisation.

Cette voie peut avoir des raisons multiples qui peuvent se combiner entre elles.

La structure

Si l'entreprise ne dispose pas de Direction des Ressources Humaines, vous devez travailler seul.

La confidentialité

La confidentialité liée à la tactique que vous développez pour ce recrutement, vous amène à conserver de la discrétion dans cette démarche, et en faire votre «domaine réservé». Vous ne souhaitez pas vous laisser dépasser par un effet d'annonce interne et externe, aux conséquences inattendues et non contrôlées. Au contraire, vous tenez à garder le contrôle de l'information que vous ferez autour de votre projet et sur lui, le moment venu.

Les économies

Vos priorités ou encore, la réalité économique de votre budget ne vous incitent pas à dépenser d'argent pour mener ce recrutement.

Nous vous conseillons de ne vous lancer dans une démarche autonome, qu'en vous libérant et en vous engageant au maximum pour cet objectif. Le «on n'est jamais aussi bien servi que par soi-même» ne vaut dans le cas présent que si vous êtes disponible pour «vous servir vous-même», et cela dans la durée. En effet, cette démarche peut-être longue, et l'énergie du début peut vite disparaître sous l'effet d'une charge de travail trop forte dans votre activité opérationnelle principale.

En prenant cette option, vous vous lancez dans une démarche qui correspond à un investissement capital pour vous pour franchir une étape clé. Votre engagement consiste à mettre au service de votre démarche du temps et de l'énergie.

Si vous choisissez de travailler par vos propres moyens, attention au mauvais BAO, le Bouche à Oreille dangereux :

- « Prenez le, il est bon »
- « Engagez- le, il est disponible et a bien réussi chez TAPOTOUR »
- « C'est le N° 2 qu'il vous faut, je le connais depuis 15 ans et il traverse une période difficile qu'il ne mérite pas »

Examinez surtout bien la source de cette information.

- Qui vous l'apporte ?
- Quel intérêt caché ou croisé la personne a-t-elle éventuellement ?

Le manque de temps, la lassitude amènent parfois à prendre des décisions trop simplificatrices, et donc dangereuses.

Par ailleurs le mauvais BAO risque de produire des contacts téléphoniques anarchiques et difficilement exploitables :

« Je vous appelle de la part de Monsieur X » qui a entendu parler de votre recherche et qui m'a dit que je devrais pouvoir peut-être éventuellement faire l'affaire, quand pouvez-vous me rencontrer ? »

Un contact de ce type est une source de stress, de perte de temps pour vous et de malentendus qui peuvent même avoir des retombées négatives.

Monsieur X qui a entendu parler de votre projet peut aussi chercher à se valoriser sans discernement dans sa contribution.

Mais, vive le bon BAO, le Bouche à Oreille efficace car il est l'expression du bon réseau. L'utilisation de relais d'informations fiables est en revanche bien utile et précieuse. Nous avons en effet parfois à proximité des ressources insoupçonnées. Il suffit d'en parler pour que des opportunités convergent. Le risque est toutefois que de nombreux contacts vous arrivent aussi sans être ciblés et vous envahissent. En même temps répondre et bien traiter ces candidats fait également partie de votre image de marque et de l'image de votre entreprise, tant vis-à-vis d'eux que vis-à-vis des relais et relations qui vous les ont adressés.

Si enfin vous finalisez le recrutement par le bon BAO, il est préférable que vous proposiez ce poste à une personne que vous connaissez déjà dans un autre contexte, rencontrée chez un fournisseur, un concurrent, dans un club de dirigeants... Ne laissez pas le hasard prendre le pouvoir pour un tel projet.

Si vous choisissez cette voie de la recherche autonome, vous devez respecter les étapes suivantes :

- Analyse de l'environnement au sens large et du contexte direct du poste à pourvoir.
- Définition de la mission, des tâches, des zones d'intervention en fonction des vôtres.
- Définition du profil (qui peut tenir cette responsabilité ? les critères).
- Mise au point d'une stratégie de recherche (méthode par annonce, approche directe « chasse », délais...)
- Mise en œuvre des outils de captation de candidats
  - Annonce presse
  - Annonce Internet
  - Réseau, partenaire, prescripteur, fournisseurs, clients
  - Relais, fédération professionnelle, anciens de grandes écoles
  - Ciblage
  - Prise de contact direct
- Analyse des CV ou des contacts téléphoniques et physiques
- Présentation de votre entreprise
- Entretien 1
- Entretien 2
- « Nième » entretien (avec d'autres interlocuteurs ?)
- Prise de références - vérification (diplômes)
- Négociation
- Elaboration de contrats
- Gestion de la période de préavis (désengagement de votre futur n° 2 de sa mission actuelle)
- Accueil

- Gestion dynamique de la période d'essai
- …

Il est évident que supprimer certaines étapes fragilise le dispositif d'ensemble et lui fait perdre en sécurité, en efficacité, en pertinence. Vous pouvez néanmoins choisir celles qui sont essentielles pour vous et surtout possibles, compte tenu de vos contraintes.

Enfin, la démarche d'ensemble est nécessairement traitée de manière «congruente», c'est à dire sans incongruité. La cohérence de votre démarche globale est un facteur d'attraction pour un bon candidat. Par votre réactivité, votre discernement, la qualité du lien entre le contenu de vos échanges oraux avec les candidats et les éléments écrits qui en découlent, vous êtes «congruent».

Vous ne pouvez pas, par exemple, dire et expliquer d'un côté à votre interlocuteur que votre entreprise :

- est rapide,
- tient ses engagements,
- avec un grand respect des personnes.

et puis, en fin de cycle de recrutement de votre N°2, alors que vous vous êtes mis d'accord oralement sur l'ensemble des conditions :

- laisser un délai très (trop) long avant d'adresser un contrat de travail ou une lettre d'engagement en bonne et due forme à votre interlocuteur,
- adresser un contrat incomplet ou comportant des erreurs,
- ne pas joindre de message d'accompagnement personnalisé au contrat, valorisant votre future collaboration, mais laisser faire un service administratif qui va traiter cet envoi d'une manière… impersonnelle et banale.

Vous aurez également à communiquer en interne de manière appropriée, car ces entretiens ne passeront pas inaperçus et là-aussi la cohérence de l'information que vous donnerez à vos équipes est un facteur clé de la bonne intégration de ce futur N°2.

Nous attirons particulièrement votre attention sur le facteur temps, car un bon candidat ne reste pas longtemps disponible sur le «marché».

> *Recherche autonome :*
>
> *Avantages : Vous savez exactement ce qui se passe, vous maîtrisez la nature et la qualité des contacts de A à Z. Vous avez le contrôle de l'information et de l'action.*
>
> *Inconvénients : La démarche autonome est évidemment à la fois la plus dévoreuse de temps et d'énergie.*

2.2 Faites une recherche «internalisée»

Dans votre environnement actuel, vous pouvez vous appuyer sur une équipe de Ressources Humaines, un Responsable du Recrutement ou un collaborateur de confiance, à qui vous demandez de prendre en charge ce recrutement.

N'oublions pas que c'est votre N°2 que vous recherchez. Ce n'est pas un acte ordinaire et même si chaque recrutement mobilise votre attention, (car c'est le capital le plus important de l'entreprise qui est en jeu), ce recrutement là est particulièrement important pour vous.

Il s'agit donc de mesurer si vos enjeux personnels, stratégiques et tactiques sont audibles et présentables à celui qui sera responsable de piloter ce recrutement en interne. Celui-ci peut-il supporter et accepter de prendre un tel risque vis à vis de vous?

Nous vous recommandons de choisir d'internaliser la recherche de votre N°2 si, et seulement si, vous avez la conviction que vous pouvez y associer dans de bonnes conditions le responsable à qui vous confiez ce recrutement. Pour cela, vous avez déjà construit avec ce collaborateur un degré de qualité d'échange et de subsidiarité. Le style de votre organisation peut favoriser également cette approche. La présence d'une équipe qui fait preuve d'un mode de fonctionnement «avancé» est aussi un élément majeur pour ce type de mise en œuvre.

Si tel n'est pas le cas, il risque de manquer à celui de vos collaborateurs qui va endosser cette mission de recrutement des informations précieuses. Ceci peut- être la source de dysfonctionnements dans l'ensemble du dispositif, et peut déboucher sur des risques de non respect des délais, de non-satisfaction mutuelle, de choix par défaut et peut-être au final sur un recrutement raté.

Evitez-vous ainsi : perte de temps, perte de crédibilité, pollution managériale des collaborateurs, non-compréhension des partenaires extérieurs...

Exemple

Nous avons rencontré à l'occasion de l'une de nos missions de recrutement un directeur financier sans emploi, qui venait de vivre une expérience très courte de 6 mois chez son dernier employeur. Le PDG avait confié le recrutement d'un directeur administratif et financier à son «Directeur de Cabinet», cadre supérieur brillant et très polyvalent dans cette PME. Le PDG avait dit à ce DAF lors des entretiens finals qu'il cherchait son bras droit, son N°2. Tandis que le «directeur de cabinet», quant à lui, avait axé son recrutement du directeur financier sur une dominante très «technique», mais pas du tout dans une perspective de N°2.
Cette ambiguïté dès le commencement des prises de responsabilités du DAF a été source de dysfonctionnements et le recrutement s'est avéré désastreux pour tous.

Pour traiter une mission de cet enjeu avec les moyens internes, allez jusqu'au bout! Comme la transparence totale n'est pas toujours atteignable, tentez en tous cas la «presque» transparence.

Si vous confiez cette mission à votre équipe, c'est que vous faites une analyse favorable de leur compréhension, leur expertise, leur professionnalisme, et surtout de leur engagement. Vous êtes prêt à travailler en étroite coopération avec celui qui en est le responsable. Il pilote un projet clé, et cela mérite toute votre attention. Votre disponibilité permet une co-construction de l'ensemble de la démarche jusqu'à la rencontre des candidats.

Prenez conscience que vous faites porter à votre équipe une double responsabilité, vis-à-vis de vous d'abord, et vis-à-vis d'elle-même aussi, car l'arrivée d'un N°2 sera un facteur de changement pour chacun de ses membres comme pour elle, en tant que collectif.

Si vous confiez le recrutement à l'interne, vous devez clarifier la règle du jeu du traitement des dossiers de candidatures avec le responsable de la mission. Car si certains dossiers reçoivent un traitement classique, d'autres risquent de poser problème.

Vous présentera-t-il tous les « dossiers C.V » reçus?

Fera-t-il une première sélection? selon quels critères ?

Lui donnez-vous la possibilité de bousculer votre emploi du temps pour provoquer une rencontre rendue urgente par les circonstances?

Comment traitera-t-il les dossiers venant de candidats mal ciblés mais insistant ou se recommandant de quelqu'un?

Il faudra aussi lui accorder de la marge de manœuvre pour vous présenter éventuellement des candidats à la marge du cahier des charges idéal préétabli.

En ayant confié le recrutement en interne à la D.R.H. par exemple, nous vous invitons à veiller à ce que la capacité de dialogue et d'ajustement avec vous, selon votre propre style et votre personnalité soit claire. Donnez à votre DRH ou à la personne responsable, un large pouvoir pour le traitement de ces candidatures, afin de lui permettre d'être efficace sans blocage, ni crainte vis-à-vis de vous. Mais dans tous les cas, vous seul déciderez et aurez la maîtrise du choix final.

> *Recherche internalisée :*
>
> *Avantages : Economie en coûts directs, maîtrise du processus, association des équipes depuis l'intérieur (attention cependant car les équipes ne recrutent pas encore leur patron...), les sensibiliser et les associer étant déjà considérable pour favoriser l'intégration du futur collaborateur.*
>
> *Inconvénients : Sujet ultra sensible traité de l'intérieur, enjeux de pouvoir, non-dit, risque de manque de recul, maîtrise irrégulière de certains moyens (approche directe, utilisation des sites Internet, relation avec les agences de communication, de recrutement...), enjeux de déontologie pour aller contacter directement par vous-même des professionnels chez certains de vos concurrents, confrères, clients ou fournisseurs...*

2.3 Confiez la mission à un conseil

Avant d'aborder cette troisième voie, rappelons qu'on ne peut séparer ces trois approches : «autonome», «internalisée» et «externalisée», que de manière caricaturale. Elles peuvent très bien cohabiter sur des champs complémentaires, si elles ne se font pas concurrence.

Par exemple, la recherche d'un candidat extérieur est internalisée, confiée à l'un de vos collaborateurs, qui avec vous, pilotera en réalité le travail du conseil extérieur.

Exemple

> Nous sommes intervenus sur ce modèle pour un Président Directeur Général fondateur de la filiale en France d'un groupe international. Après 3 ans d'activité il a mis dans la confidence son Directeur Administratif et Financier pour préparer le recrutement d'un Directeur Général devant ultérieurement lui succéder.
>
> La confiance établie entre eux rendait cela possible sans risquer de déstabiliser le reste de l'équipe. Le Directeur Administratif et Financier nous a consulté pour organiser une rencontre entre son Président le consultant et lui-même, point de départ d'une mission «externalisée et internalisée» à la fois. Il s'était aussi laissé le temps de laisser mûrir la situation sans que cette recherche soit traitée dans l'urgence, puis d'associer le moment venu, l'équipe de Direction à la décision du Président.

Une autre possibilité aurait été d'associer l'ensemble de l'équipe dès le début de la démarche.

Exemple

> Lors d'une mission nous avons pu interviewer tous les membres du Comité de Direction, et même un collaborateur parti en retraite, pour préparer notre «étude de poste» et lancer notre travail de recrutement de ce N°2 à partir de la synthèse et de la compilation de ces données.
>
> Nous avons également rencontré le cas du Président Directeur Général fondateur et de son principal actionnaire, administrateur, qui ont préparé le recrutement d'un Directeur Général avec nous sans envisager un instant d'en informer les équipes, cela n'étant tout simplement pas envisageable dans le contexte de l'entreprise.

En tout état de cause, vous avez décidé de faire appel à un conseil extérieur. C'est ce que nous allons aborder maintenant.

Quel rôle confier à votre conseil ?

Tout d'abord, c'est vous qui gardez le contrôle de la démarche. En aucun cas vous ne devez confier à votre conseil le choix final de votre collaborateur N°2. Ce choix est votre choix, un acte de management capital.

Vous conservez les éléments fondamentaux, vous transférez la mise en œuvre et demandez du conseil sur des champs précis.

Vous conservez donc :

- l'analyse préalable de l'environnement de votre décision,
- la formulation de votre activité,
- la prise en compte des membres de votre organisation en interaction avec ce recrutement et l'arrivée de ce collaborateur,
- la communication interne et externe que vous faites ou ne faites pas autour de ce sujet,
- la connaissance des règles et codes qui régissent votre entreprise
- la compréhension explicite et implicite de la répartition du leadership dans l'entreprise,
- la clé de répartition entre vous et lui sur les champs concernés,
- la formulation de la mission et du profil de votre futur N°2,
- la présentation «avancée», la mise en relief de la mission, des perspectives de l'entreprise, les siennes, votre collaboration,
- le choix des finalistes et du finaliste,
- la négociation des conditions,
- la qualité de l'intégration,
- les clés de la réussite…

Vous confiez à un conseil, en délégation complète ou en co-construction :

- l'exploration de votre demande et de votre besoin, le recueil d'informations par le questionnement, puis, la validation, l'éclairage, la confrontation sur vos propres éléments d'analyse du contexte, de la mission, du profil, des conditions (rémunération…),

- la capacité à comprendre votre «cadre de référence», la culture de votre entreprise, ses codes, son style et ses caractéristiques,
- la rédaction synthétique et claire de ces éléments (un document écrit est indispensable),
- la capacité à se glisser avec déontologie dans vos règles du jeu de fonctionnement (mode d'envoi des documents : lieu, forme, confidentialité, rôle de votre assistante, zone de «chasse interdite», possibilité de vous joindre, réactivité),
- la conception et la mise en œuvre d'un dispositif optimum de captation des candidatures, c'est-à-dire de vous recommander une méthodologie de travail selon le meilleur rapport moyens / qualité / efficacité, en fonction des éléments de la mission (approche directe, annonces presses et Internet, approches mixtes),
- la connaissance des éléments liés à votre mission, rémunérations pratiquées sur le marché, filières professionnelles et de formation, passerelles de compétence d'un secteur à un autre ,
- l'évaluation des candidatures (connaissances, expériences, comportements, traits de personnalité, éléments factuels),
- la rédaction de «notes de candidatures» avant les présentations physiques,
- la présentation de candidats correspondants au cahier des charges,
- la capacité à ouvrir des «portes» sur des candidats atypiques venant de secteurs différents mais avec des expériences transposables dans votre environnement,
- la vérification des diplômes et les prises de références (même à ce degré de responsabilité),
- une aide à la décision et à la négociation finale : avis, interface, facilitation,
- le suivi d'intégration.

Comment choisir votre conseil?

Si vous travaillez déjà avec un conseil en qui vous avez toute confiance surtout gardez-le! Il a déjà prouvé sa capacité à vous comprendre et à comprendre vos équipes, vous avez bâti une relation de confiance, elle est précieuse.

Le métier spécifique de conseil en recrutement de dirigeants, directement importé des Etats-Unis, a été créé en France dans les années 60. Ce métier de HEAD HUNTER, littéralement «chasseur de chefs», a été traduit par «chasseur de têtes», ce qui est forcément réducteur!

Depuis, le métier s'est structuré. Désormais, c'est un métier en phase de maturité qui a exploré des voies différentes et des segmentations nombreuses. Il a également dû s'adapter aux «technologies de l'information et de la communication», et les intégrer dans ses méthodes de travail.

Si vous choisissez un conseil, pensez à la «congruence» évoquée plus haut, il est lui-même un élément de congruence de votre démarche : visitez ses locaux, rencontrez ses collaborateurs et bien évidemment le consultant qui va rencontrer les candidats... S'il est trop chic, s'il est trop jeune, trop usé, trop «ceci» ou «cela» ou pas assez «ceci» ou «cela» par rapport à vous, vos candidats ne vous retrouveront pas à travers lui !

Un métier en maturité connaît toujours les affres de la concentration et de la saturation d'un marché. Certains acteurs du conseil en recrutement travaillent même «à la réussite», c'est ce que les Anglo-saxons appellent le «contingency», mot qui nous revient tout droit du français «contingent» qui signifie «*qui peut se faire ou ne pas se faire, être ou ne pas être, par opposition à nécessaire*» (Larousse) !

Cette pratique qui séduit parfois des chefs d'entreprise a des travers que nous considérons comme rédhibitoires pour le recrutement des postes de direction :

- Non-exclusivité : plusieurs «chasseurs» ciblent les mêmes personnes qui n'y comprennent plus rien et finissent par ne pas avoir une bonne image de votre entreprise, ni de votre poste.
- Réussir à tout prix : même au prix d'un candidat inadapté que l'on vous incite à engager.
- Réussir avec trop peu de moyens.
- «Survente» de votre poste ou sous estimation de certains aspects de l'entreprise qui sont des sources de déception pour le candidat et des sources d'échec.

Comparez le temps que vous prenez pour les investissements matériels de l'entreprise pour choisir les fournisseurs d'une nouvelle machine, pour repérer un sous traitant, et le temps et les moyens pour l'investissement capital que représente votre N°2.

Nous soulignons que les bons conseils n'ont pas d'obligation de résultat, mais une obligation de moyens. La nature fondamentalement humaine de la démarche de recrutement s'applique à des personnes, des individus libres. Il ne s'agit ni de matières, ni d'objets, mais de sujets disposant de leur libre arbitre, et seule une obligation de moyens peut donc s'y appliquer. Il faut néanmoins préciser et contractualiser les moyens.

Votre conseil est d'une certaine manière la prolongation de vous-même et de votre entreprise, vis-à-vis des candidats qu'il va rencontrer en votre nom. Vue sous cet angle, la construction d'une cohérence, entre toutes les parties prenantes, c'est-à-dire, vous, votre équipe, le consultant et votre équipe, le consultant et son équipe, la culture de son cabinet, et bien évidemment le futur candidat est un des éléments fondamentaux garantissant la réussite.

C'est pourquoi le choix de votre partenaire est déterminant pour le choix de votre candidat.

Nous vous recommandons même de considérer le choix de votre conseil comme une « préparation » du recrutement de votre N°2 !

Pour cela, faites des consultations, rencontrez plusieurs cabinets et interviewez-les. Qui est précisément le consultant, qui va piloter la mission : expériences, parcours, personnalité, formation, références en recrutement de N°1 et N°2, avec qui travaillera-t-il en interne, rencontrera-t-il lui-même en entretien les candidats qu'il vous présentera, avec quelle chargée de recherche travaillera-t-il? (salariée intégrée, sous-traitante, free-lance), existe-t-il une équipe projet pour votre projet? Quel style d'interview mène-t-il? Quelle stabilité a-t-il dans le cabinet ?

En résumé, recrutez votre conseil! ...

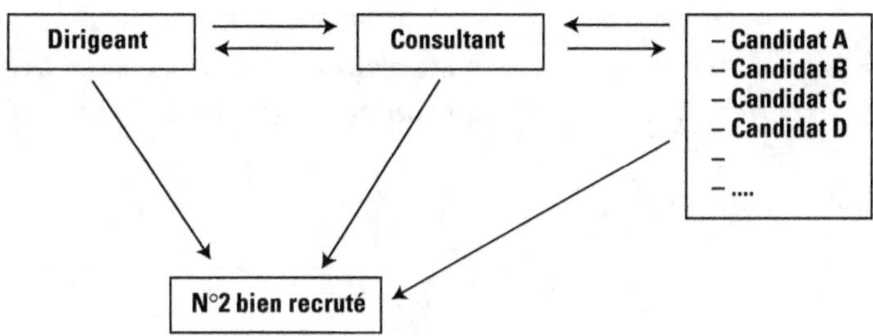

Quelle est la valeur ajoutée du conseil?

La mission de recrutement de votre N°2 a été confiée à un conseil spécialisé, sérieux, travaillant selon les bonnes règles du conseil et avec une déontologie conforme à la vôtre, vous l'avez vous-même sélectionné sérieusement, il s'est mis au travail avec son équipe et les candidatures issues de ce dispositif débouchent sur vos premières rencontres.

La valeur ajoutée de votre conseil réside dans sa capacité à :

- trouver des candidats,
- vous éviter de perdre du temps en rencontres hors cible (limiter le nombre de rencontres et définir vos attentes et votre disponibilité réelle),
- vous ouvrir, si vous le souhaitez, des espaces nouveaux de profil de candidats, en favorisant des analogies,
- «se mouiller» sur un diagnostic de personnalité et de management de la personne qu'il vous présente,
- assurer un lien intelligent entre vous, votre entreprise et lui,
- confronter ses idées aux vôtres selon ses convictions et savoir s'arrêter à la limite de l'acceptable (il lui faut donc du courage et du discernement).

Votre conseil : si vous l'utilisez pour «lire l'heure à votre propre poignet», vous risquez de le sous-utiliser, mais si vous l'utilisez pour vous aider à appréhender le temps différemment, ou à régler votre montre, alors vous faites un bon investissement.

> ***Avantages :*** *Apport conseil, regard extérieur, distance affective du sujet, expérience et repères permanents, garantie, temps, fusibles...*
>
> ***Inconvénients** :* Coût direct.

Ainsi, il est indispensable pour vous de :

- choisir une méthode, vous mobiliser pour elle,
- conserver la possibilité de mixer les trois approches proposées,
- préparer la congruence d'une démarche complète.

C'est la richesse d'une démarche d'ensemble qui fait la réussite d'une recherche externe comme celle d'un recrutement interne : disponibilité, attention, anticipation, partenariat et alliance avec les conseils, co-élaboration des solutions et capacité à surmonter les événements inattendus voire négatifs qui se présentent au cours de la mission (désistement d'un candidat, candidature interne qui se déclare tardivement, changement brutal d'environnement...).

Chapitre 5

Choisissez votre N°2 et laissez-le vous choisir

Le dispositif de recherche finalement mis en place, quel qu'il soit, vous permet d'examiner enfin des candidatures. Nous l'appelons « dispositif de captation de candidatures » un peu comme s'il s'agissait de capter une source. Il peut prendre trois formes : « l'approche directe », l'approche par « voie d'annonces » de presse ou Internet, l'approche « mixte » réunissant les deux premières. Les candidatures arrivent sous des formes différentes selon le dispositif et les filtres que vous avez retenus. C'est lui qui détermine la quantité de candidatures mais aussi leur qualité et leur forme.

Vous entrez dans la phase active. Votre objectif est bien de recruter votre N° 2. Il s'agit de le trouver, de le motiver pour vous rejoindre, de le retenir, et d'être choisi par lui. En réalité, votre N°2 va lui aussi faire un choix, le choix de son patron, de son job, de la mission qu'il accepte, de l'entreprise dans laquelle il va engager sa vie professionnelle et personnelle. C'est un choix à court, moyen et long terme. Même s'il va par la suite dans une autre entreprise, la vôtre aura été marquante.

1. UN PROCESSUS DE DÉCOUVERTE D'UN PROFESSIONNEL PAS ORDINAIRE

1.1 L'aventure de la découverte

La différence entre le CV et l'entretien d'une part, la lecture de ce CV et la conduite d'un entretien d'autre part, c'est la présence physique et la force de la rencontre entre deux personnes. Le stress de part et d'autre, les jeux et enjeux de chacun font partie intégrante de la découverte.

La différence entre l'interview dans un bureau et la réalité d'un parcours professionnel ou d'un acte concret sur le terrain, c'est la rationalisation, la verbalisation.

Toutes les opportunités de contact avec vos interlocuteurs candidats sont des occasions de découverte. Dans un entretien approfondi, lors d'une conversation téléphonique, lors d'une rencontre informelle, à travers la lecture d'un CV, d'un courrier ou d'un courriel, vous avez l'occasion de recueillir des indices plus ou moins forts pour considérer une expérience, un parcours et une personne. Mais avant de partir à la découverte de l'autre, souvenez-vous de l'important travail de prise de conscience de vous-même que vous avez mené en amont (dans le chapitre consacré à votre auto-diagnostic) et concentrez-vous de nouveau sur vous-même dans cette phase de découverte directe des candidats.

1.2 Les éléments de votre carnet de route

Voici quelques questions de point de départ qui vous permettront de faire une approche des enchaînements entre les éléments qui vous intéressent.

Notre but est de vous sensibiliser à cette diversité d'informations qu'il s'agit de recueillir lors de vos entretiens, d'ordonner, de corréler pour aller vers un vrai «OUI» des deux parties qui concrétise votre recrutement.

Pourtant aucune liste exhaustive de questions n'est possible, puisque votre démarche est profondément liée à son contexte et fondamentalement subjective. Mettre du rationnel dans le subjectif, tel est l'enjeu de la représentation d'un processus de découverte de votre futur N°2.

Question-clés pour vous-même :

- Que recherchez-vous?
- Qui recherchez-vous?
- A quoi saurez-vous que c'est lui ou elle votre «bon» N°2?
- Quels seront les critères objectifs?
- Quels sont les critères subjectifs?
- Que voulez-vous savoir en priorité ?
- Que manquera-t-il d'essentiel si vous oubliez de lui faire parler de cela?
- Que lui direz-vous sur votre entreprise ? Jusqu'où êtes-vous prêt à aller? Quelles options de présentations?
- Que lui remettrez-vous?
- Où le rencontrerez-vous?

- Comment allez-vous forger votre intime conviction?
- Quel sera votre processus de décision ?
- Quels éclairages et avis demanderez-vous?
- Quelles seront les étapes, les points de passage obligés de vos rencontres?
- Seront-ils établis à l'avance ou vous donnez-vous une marge d'improvisation pour rendre possible une rencontre avec un collaborateur, un fournisseur, un client, permettre une journée sur un site de l'entreprise?
- Rencontrerez-vous son conjoint?
- Jusqu'où la rémunération et le package global peuvent-ils aller?
- S'il demande des Stocks Options, s'il veut participer au capital dans deux ans, quelle réponse êtes vous prêt à lui faire, honnêtement?
- Qui mettra au point le contrat de travail?
- En combien de temps le contrat peut-il être établi et remis?

Nous vous invitons à vous préparer pour cet entretien en vous disant que la personne que vous allez rencontrer «est la plus importante du monde», pendant toute la durée de votre entretien. Par conséquent, vous ne pouvez être dérangé, vous vous concentrez sur ce moment «point d'orgue» du processus où vous êtes face à un postulant qui pour ce qui le concerne n'a vraisemblablement pas encore décidé de vous rejoindre. La double perspective de CHOISIR ET ETRE CHOISI sera vraie pour toutes les autres rencontres avec ce candidat.

1.3 Quelques éléments d'analyse

Prenez conscience de l'importance du cadre de référence

La découverte de quelqu'un se fait par touches successives, jusqu'à une mise au net, sous la forme d'une intime conviction.

Les mêmes éléments dans le parcours d'un professionnel, ne sont pas totalement analysés de la même manière, par deux personnes car leurs cadres de référence sont différents.

La première étape est d'entrer en contact avec le système de perception et de représentation de votre interlocuteur.

C'est la fameuse image de BOERING ou l'on voit du premier coup d'œil, soit une vielle femme rebutante en trois quarts de face, ou bien une jeune femme élégante de trois quarts arrière, selon son «cadre de référence».

La prise en compte du «cadre de référence» de l'autre permet d'ajuster la communication et de ne pas passer à côté de l'essentiel. Etre conscient de cela tout au long de la démarche vous permettra de mieux comprendre votre interlocuteur.

Ce que vous avez lu dans un CV est un peu comme ce qu'on lit sur une carte d'Etat Major, bien différent de ce que l'on trouve sur le vrai terrain de l'entretien et a fortiori de l'action réelle. La lecture d'une carte d'état major ne permet pas de percevoir la réalité du terrain car «La carte n'est pas le territoire».

Quel type de compétences

Pour aborder cette notion, nous vous proposons l'approche du MEDEF dont les travaux ont été validés par une dizaine d'experts, en 1998.

Les compétences sont l'ensemble composé des :

- CONNAISSANCES   →   SAVOIR
- EXPERIENCES   →   SAVOIR-FAIRE
- COMPORTEMENTS   →   SAVOIR-ETRE

Elles sont toujours liées au contexte dans lequel elles s'expriment.

C'est une coresponsabilité des salariés que de veiller à l'entretien de leurs compétences pour assurer leur «employabilité».

C'est à l'entreprise de les repérer et de s'assurer de leur maintenance.

Cette définition ne saurait être figée, mais elle constitue un référentiel commun utilisable pour l'ensemble des salariés. Votre expérience nous montre qu'elle vaut pour un N°2, comme pour tous les responsables et pour le N°1 lui-même!

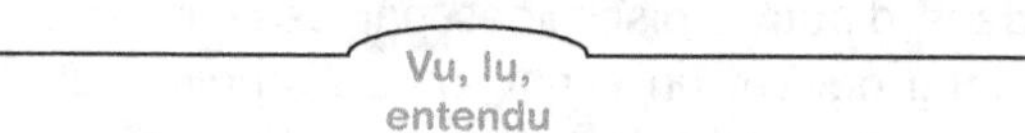

Pour illustrer la diversité des définitions, voici celle utilisée
par l'équipe DPM (Managenement et développement personnel des individus et des équipes) à EM Lyon :
«Ensemble organisé de connaissances, d'aptitudes et de
savoir-faire immédiatement mobilisable par un candidat, un
groupe, ou une entreprise pour répondre aux nécessités de
l'action».

Critères de réussite

Le peu d'études qui existent sur les critères de réussite des
«managers» est déroutant, SYLVIE ROUSSILLON, professeur à
EM LYON et FRANK BOURNOIS font référence dans leur ouvrage
«Préparer les dirigeants de demain» aux travaux de THORN-
TON ET BYHAM, en mettant en évidence que les compétences
«génériques» des dirigeants représentent 70% des compétences nécessaires, les 30 % restant étant des compétences
«spécifiques», liées au métier de l'entreprise et à sa culture,
à son environnement.

Les compétences spécifiques de votre N° 2 peuvent varier selon sa spé-
cialité. Votre N°2 est-il Directeur Général (avec, de fait, quelle dominante
dans sa mission?), Directeur Commercial, Directeur Industriel, Directeur
Administratif et Financier, etc.? Comment évaluer ses compétences spécifiques à hauteur d'un tiers des compétences globales?

> Dans une récente mission de recrutement d'un Directeur
> Administratif et Financier, «bras droit» du Directeur Géné-
> ral, que nous avons menée, nous avons favorisé et accom-
> pagné un entretien technique avec le Commissaire aux
> Comptes de notre client en phase finale du processus.
> L'exploration des compétences spécifiques liées au mode
> de reporting et aux tutelles complexes de notre client ren-
> dait ce travail nécessaire.

Ainsi, vous pouvez imaginer d'approfondir l'exploration des compétences spécifiques dans d'autres disciplines par des prises de références. Par exemple, en interrogeant un client, un partenaire qui s'est trouvé dans l'action avec votre futur N° 2. Vous pourrez ainsi entrer dans le détail d'un champ spécifique (le pilotage d'une campagne de communication multi-média dont télé et radio, la conduite d'un projet de construction du nouveau siège de l'entreprise…).

Nous avons aussi rencontré quelques N°1 qui avaient tendance à croire que pour travailler avec eux dans leur entreprise, dans leur organisation, il fallait des compétences spécifiques à 100 %. Cette approche, selon notre expérience, est illusoire et tellement subjective qu'elle en devient stérile.

A l'inverse, l'avis des spécialistes converge pour dire que la proportion de compétences génériques croît en proportion des responsabilités managériales assumées par un dirigeant. Les compétences spécifiques se réduisent donc également en proportion.

C'est la proximité de la Direction Générale qui fait augmenter les compétences génériques d'un N°2 au delà de la proportion des 70 %.

Une étude menée en 1989 par KRAUT ET AL sur 1412 cadres de niveaux hiérarchiques différents montre que plus on approche la position de N°1, plus les savoir-faire et les expériences peuvent être transférés à d'autres. La notion de « supra compétences » des dirigeants est ainsi introduite.

Bien évidemment, il ne s'agit pas d'éluder les compétences spécifiques mais de les définir avec objectivité et dans leur juste proportion. Les majorer vous ferait passer à côté de l'essentiel.

Les compétences génériques des dirigeants et N°2

Votre N°2 devra naturellement avoir des compétences spécifiques. Pensez à les lister mais sans penser que votre entreprise est unique et sans les confondre avec les compétences « génériques ».

En ce qui concerne ces dernières, l'expérience nous incite à vous proposer 18 critères comportementaux et traits de personnalités génériques à rechercher chez les dirigeants, classés en 3 grandes familles : REFLEXION, RELATION, ACTION : « TETE, CŒUR, TRIPES » !

REFLEXION : Solutionner, Décider, Apprendre

1. RAISONNEMENT (analyse, synthèse, logique)
2. INTUITION
3. PRISE DE DECISION
4. CAPACITE D'APPRENTISSAGE
5. OUVERTURE / CURIOSITE INTELLECTUELLE

RELATION : Coopérer, Influer, Diriger

6. COMMUNICATION ORALE, ECRITE ET NON-VERBALE
7. CONFIANCE EN SOI
8. ANIMATION / CHARISME
9. CONSEIL / PEDAGOGIE
10. DIRECTION – AUTORITE
11. VALEURS INTERNES / EXTERNES (citoyenneté)

ACTION : Entreprendre, Innover, Contrôler

12. RIGUEUR : ORGANISATION / PLANIFICATION / CONTRÔLE
13. INITIATIVE / ESPRIT D'ENTREPRENDRE
14. ADAPTABILITE
15. CREATIVITE
16. DYNAMISME
17. MAITRISE DE SOI / STABILITE EMOTIONNELLE
18. CAPACITE A ATTEINDRE LES OBJECTIFS

Dans les tableaux qui suivent, nous vous présentons le contenu de chacun de ces critères

COMPETENCES GENERIQUES	AXE REFLEXION : solutionner, décider, apprendre
RAISONNEMENT	Faculté d'appréhender une solution et de la comprendre par une méthode : L.A.S (logique, analyse, synthèse), par l'observation, par la conceptualisation.
INTUITION	Connaissance immédiate et directe obtenue sans le recours au raisonnement. Connaissance parfois vague ou claire et évidente.
PRISE DE DECISION	Capacité à choisir, à décider, à trancher parmi des options, des paramètres nombreux et complexes.
CAPACITE D'APPRENTISSAGE	Capacité d'acquérir de nouveaux savoir et savoir-faire. Avoir le goût, le désir et le plaisir d'apprendre par compilation.
OUVERTURE CURIOSITE INTELLECTUELLE	Faculté à capter les nouvelles informations, données, tendances différentes des repères habituels pour enrichir sa vision du monde et sa capacité à comprendre son environnement.

COMPETENCES GENERIQUES	RELATION : coopérer, influer, diriger
COMMUNICATION ORALE, ECRITE ET NON VERBALE	Faculté à échanger l'information en émission et en réception. Ecouter, lire, évoquer, comprendre, interpréter, valoriser, sécuriser l'information dans le but de servir les objectifs.
CONFIANCE EN SOI	Percevoir positivement ses propres possibilités de résoudre un problème, d'agir dans une situation difficile. Savoir faire valoir ses propres décisions et opinions.
ANIMATION/ CHARISME	Capacité à influer sur son équipe et sur son entourage pour transmettre de la motivation et de l'énergie au service des objectifs et des opérations.
CONSEIL/ PEDAGOGIE	Faculté à transférer des connaissances, des savoir-faire et des expériences aux autres. Aptitude à conseiller, développer, appuyer les autres.
DIRECTION/ AUTORITE	Aptitude à assumer la responsabilité de celui qui conduit un ensemble de personnes prises en tant qu'équipe et en tant qu'individu. Aptitude à définir et à mettre en œuvre avec efficacité une stratégie, une politique.
VALEURS INTERNES ET EXTERNES (citoyenneté)	Volonté de s'adapter aux valeurs de l'entreprise et de se comporter en cohérence avec elles en les partageant.

COMPETENCES GENERIQUES	ACTION : entreprendre, contrôler, innover
RIGUEUR : ORGANISATION, PLANIFICATION, CONTROLE	Capacité à initier l'ordre et la méthode, à faire vivre une organisation en la faisant évoluer. Capacité à anticiper et à jalonner les perspectives de points de contrôle.
INITIATIVE ESPRIT D'ENTREPRENDRE AUTONOMIE	Aptitude et goût pour initier l'action, pour l'ouverture de voies et la prise de risque appropriée. Capacité à vivre en interdépendance choisie.
ADAPTABILITE	Savoir rester cohérent avec un nouvel environnement, s'y adapter.
CREATIVITE	Talent de savoir sortir des cadres de référence habituels, de savoir transposer des idées, des pratiques neuves, de savoir faire des analogies.
DYNAMISME	Energie mise au service du développement des projets et à l'intensification de l'action. Capacité à donner de l'impulsion, à avoir des initiatives, à être réactif, à ne pas subir.
MAITRISE DE SOI STABILITE EMOTIONNELLE	Capacité à résister au stress et à contrôler ses émotions en situation de frustration, d'échec ou face à l'agressivité d'une personne, d'un groupe ou d'un environnement.
CAPACITE A ATTEINDRE LES OBJECTIFS	Réunir l'ensemble des compétences précédentes et les composer dans le temps pour l'atteinte du but fixé et de l'objectif accepté.

Les caractéristiques porteuses d'avenir

A ces critères, nous ajoutons une série de 10 caractéristiques qui seront incontournables dans les années à venir et qui doivent déjà être mises en œuvre dans les organisations de type « ADAPTATIVES »

1. AVOIR UNE VISION INTEGREE DE LA COMPLEXITE
2. ETRE CAPABLE D'ASSURER DES CONNEXIONS CREATIVES
3. AFFRONTER LE RISQUE DE FAILLITE EMOTIONNELLE (départ rapide de personnes qui ont contribué à votre réussite, fusion, vente par appartements...)
4. TROUVER DES SOURCES D'AUTOMOTIVATION
5. DEVELOPPER UNE DEFENSE CONTRE L'INCERTITUDE
6. MAITRISER LES OUTILS T.I.C.
7. POLYVALENCE/TRANSPARENCE
8. GERER L'ABOLITION DE L'ESPACE ET LA PENURIE DE TEMPS
9. CAPACITE A L'ABSTRACTION
10. TROUVER LE COMPROMIS DE SENS ENTRE CONDUIRE DES AFFAIRES ET SOUTENIR LE PERSONNEL.

2. L'ART DE LA DÉCOUVERTE

Votre parcours vous a entraîné, habitué à convaincre. Convaincre vos banquiers, vos actionnaires, vos équipes, vos partenaires, vos fournisseurs, convaincre surtout vos clients...

Notre expérience nous montre que cet art de la conviction et de la persuasion est votre attitude dominante de dirigeant.

Votre métier de dirigeant votre talent, votre personnalité, votre histoire personnelle, votre culture vous ont conduit dans cette position actuelle d'entrepreneur ou de responsable dirigeant salarié, qui font de vous un homme ou une femme d'action. Bien évidemment, vous êtes aussi un homme ou une femme de stratégie, capable de prévoir et d'allouer des ressources en fonction de votre vision et de votre objectif.

Bien sûr, vous êtes sans doute également un manager ou un leader capable d'organiser, d'arbitrer, de donner du sens et des perspectives, mais, par nécessité, vous êtes très largement orienté vers l'action.

Pourtant... «le vrai» pouvoir appartient aussi à celui qui questionne et qui écoute, nous enseigne la maïeutique, à celui qui possède l'art du questionnement.

Vu, lu,
entendu

JEAN-PIERRE DOURY, ingénieur et consultant en recrutement utilise ce qu'il appelle la Métaphore de STANLEY, journaliste reporter de la fin du XIXe siècle. Dans cette métaphore, (que nous utilisons en formation aux techniques d'entretien de recrutement), STANLEY arrive en Afrique centrale sur un territoire vierge non encore cartographié, en «terra incognita» à la recherche du très célèbre docteur LIVINGSTONE, disparu. C'est par son questionnement et le recueil d'informations rassemblées au fur et à mesure de sa progression dans la jungle auprès des tribus autochtones, et après un long périple au cours duquel, il resta le plus proche possible du terrain, sans carte, que STANLEY finit par retrouver un homme blanc hirsute et lui dit la phrase célèbre : «Docteur LIVINGSTONE I PRESUME».

Dans cette découverte de l'autre, vous êtes comme STANLEY en recherche de LIVINGSTONE votre qualité de questionnement permet la rencontre finale et elle correspond à votre «OUI», c'est lui ou elle qui sera mon N°2.

Sans cette capacité à questionner et à recueillir des indices, rien de possible dans cette recherche.

2.1 L'art du questionnement

Notre expérience nous amène à constater que c'est l'art du questionnement qui fait le plus souvent défaut aux dirigeants.

Dans le cas présent, vous cherchez votre N°2 et pour vous décider il faut écouter, pour écouter il faut savoir poser les bonnes questions et explorer les thèmes qui vous intéressent. C'est ce que nous allons examiner. Car écouter n'est pas entendre.

Nous voulons attirer votre attention sur le fait que cet entretien de recrutement de votre N°2 n'est ni un interrogatoire de police, ni une interview de journaliste, ni une conversation de salon, c'est un échange qui a sa propre finalité, qui va vous permettre de recueillir les informations qui vous feront prendre votre décision de recruter votre N2 : «je choisis cette personne, ce professionnel, oui, c'est lui ou elle!», «j'ai trouvé les compétences dont j'ai besoin chez ce professionnel».

> ## QUESTIONNER – ECOUTER – COMPRENDRE – DECIDER – AGIR

L'art du questionnement, c'est *la maïeutique* . Il a été codifié oralement par SOCRATE qui a lui-même laissé à PLATON le soin de le faire à l'écrit, il y a 2 500 ans.

Nous allons aborder l'art du questionnement par l'angle des différents types de questions, puis par celui des thèmes et filières à aborder.

C'est en croisant ces 2 axes en matrice que votre questionnement sera le plus puissant.

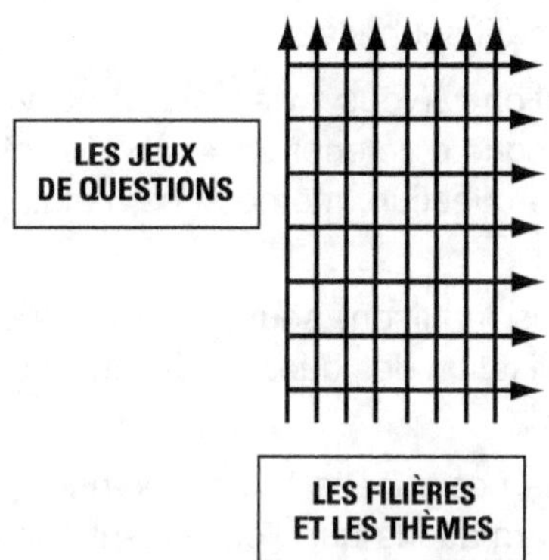

Il existe 7 types de questions dans la maïeutique de SOCRATE qui a su traverser l'histoire. L'art du questionnement reste un des enjeux majeurs d'une communication de qualité.

Nous allons les citer et les illustrer ici dans leur ensemble. En situation de recrutement de votre N°2, vous pourrez en utiliser 5 ou 6 sur les 7, mais nous les indiquons toutes pour vous donner une panoplie complète.

Les questions fermées

Elles permettent d'obtenir la réponse oui ou non. A question simple, réponse simple. Elles ont l'inconvénient de fermer le champ d'investigation et plusieurs réponses négatives peuvent le bloquer.

Nous vous conseillons de les utiliser en introduction :

- « Je vous interromprai si nécessaire dans notre entretien, y voyez-vous un inconvénient ? »,
- « Me permettez-vous de changer de sujet pour mieux aller à l'essentiel de notre discussion ? »
- Le « non » ou le « oui » obtenus représentent l'approbation d'une règle du jeu, il est alors extrêmement utile et permet d'avancer, ou de changer de registre.

En effet la question fermée peut avoir un travers important : la situation d'entretien génère du stress pour votre candidat et pour vous, la question fermée risque de se transformer en un outil de réassurance qui induit la réponse, inconsciemment souhaitée.

Par exemple la question : «vous aviez bien une visite annuelle de vos grands comptes?», risque d'amener un «oui» de votre interlocuteur, téléguidé par votre propre question, même si ce n'était pas tout à fait la réalité.

Les questions fermées induisent souvent la réponse car la peur de se tromper pousse à l'utilisation des questions inductives, la réponse est déjà dans votre question...

Mais d'un point de vue positif cette fois-ci, les questions fermées permettent de valider les informations que l'on obtient avec la 2ème famille présentée ci-dessous.

– «Vous avez doublé le CA, c'est bien ce que j'ai compris?».

Les questions ouvertes

Elles ont été codifiées par l'avocat romain MARCUS FABIUS QUINTILIUS en 36 après J.C. il les a réunies dans L'HEXAMETRE DE QUINTILLIEN.

QUINTILIUS a établi qu'avec les questions QUI – QUOI – OU – QUAND – COMBIEN – COMMENT- POURQUOI, on pouvait récolter de très nombreuses et précieuses informations. Pour vous en souvenir mémorisez le «QQOQCCP».

Les questions ouvertes méritent, avant d'être lancées, que l'atmosphère de l'entretien soit préparée, réchauffée, pour ne pas tourner à l'interrogatoire policier. Les Américains disent qu'avec les «five why», les «5 pourquoi», on peut aller au cœur d'un sujet. Nous ne sommes pas favorables à cette investigation intrusive qui peut être douloureuse et provoque un réflexe de justification.

Le «pourquoi», utile pour trouver des causes, est vite négatif, il met l'interlocuteur dans une position de justification et de défense inappropriée. Nous lui préférons le «comment» qui libère la contribution personnelle et met en valeur le cheminement de la pensée et de l'action.

«Pour quoi», en deux mots comme nous l'avons vu au début de cet ouvrage en devient une variante et n'a rien à voir avec le pourquoi en un mot, car il est orienté vers le but, l'objectif, le sens. Le «en quoi» est une autre variante intéressante, qui allie la réponse de fond, et l'expression de la forme propre à la personne qui s'exprime.

Les «combien» «où» «qui» «quoi»... permettent de récolter des données factuelles et de mesurer la précision des réponses par les quantités ou les «à peu près» qui en sortent.

Les questions «alternatives»

Ces questions s'appliquent à des éléments factuels simples, alors qu'elles impliquent des réponses sur le fond. Par exemple : si vous dites «Vous préférez avoir votre bureau au siège ou dans l'usine?», vous obtenez en réponse une des alternatives qui vous éclaire sur les préférences et le style de management de la personne.

Ces questions alternatives sont souvent utilisées dans la fonction commerciale.

Vu, lu, entendu

Il paraît que les pompistes d'un grand pétrolier mondial avaient appris à demander «Je vous fais le plein de super ou d'essence?» excluant ainsi à priori autre chose qu'un plein d'essence complet.

Des chercheurs ont même analysé qu'en demandant «Vous préférez le rouge ou le bleu?», la deuxième proposition de l'alternative était retenue à 80 % par les personnes à qui la proposition était faite. De quoi vider les stocks de voitures bleues s'il la question est formulée par un vendeur de voitures!

Mais nous vous encourageons à utiliser les questions alternatives pour trouver des réponses de fond sur une question de surface.

> – « Qu'est ce qui vous intéresse le plus ceci ou cela ? »
> – « Qu'est ce qui vous rebutera le plus ceci ou cela ? »,
> – « Vous interveniez plutôt comme ceci ou plutôt comme cela avec votre équipe ? ». En faisant alterner les temps des verbes dans les questions, vous pourrez faire varier souvenirs, projections dans le futur et présent, ici et maintenant.

Les questions en retour

La réponse est renvoyée au questionneur, en retour.

Ce type de question est illustré par la blague juive bien connue : « vous les rabbins, vous posez toujours des questions », et le Rabbin répond « pourquoi tu me poses cette question ? ». Cette histoire est bien évidemment transposable chez les Jésuites !

La question en retour est très utilisée par les thérapeutes. Nous l'utilisons également beaucoup en tant que coach, car elle permet de renvoyer le questionnement pour permettre au questionneur de trouver en lui une réponse dont il est l'auteur et, qui aura toutes les chances d'être applicable ou utile. La posture du coach est souvent celle d'un bon questionneur, au bon moment.

Dans notre problématique de recrutement de votre N°2, la question en retour de votre interlocuteur vous servira à repérer une pression trop forte causée par votre questionnement fermé par exemple ou par son envie de créer ou d'accéder à une relation avec vous. Elle est une soupape tout simplement.

Les questions en relais

Ce type de question ne sera utilisable que si vous êtes trois ou plus, ou si vous introduisez une troisième interlocuteur virtuel :

la question posée est renvoyée à quelqu'un d'autre. « Et qu'en penserait votre client ? ». Cette situation peut se présenter si vous associez quelqu'un de votre équipe ou un partenaire lors de l'un de vos entretiens avec votre futur N°2.

Les questions en écho

Vous utilisez un mot clé (ou un groupe de mots) de la dernière phrase de votre interlocuteur, en le répétant tout simplement, pour obtenir davantage d'informations ou des digressions informatives de sa part.

Votre interlocuteur dit par exemple : «Nous avions des difficultés avec notre filiale».Vous pouvez faire écho sur deux sujets : «votre filiale?» ou bien «des difficultés?».

Les questions à la cantonade

Utilisable face à un groupe, la question du type : «Que pensez-vous de ce qui s'est passé ce matin?» permet d'observer qui répond, dans quel ordre et quel type de réponse est faite, une réponse en son nom «je pense que...», au nom des autres «nous pensons que...» ou s'excluant par rapport aux autres» ils pensent que...».

Cette question est citée pour information, car vous ne l'utiliserez sans doute pas forcément dans ce processus de recrutement, mais elle pourra vous être utile plus tard, dans la phase d'intégration.

En conclusion la maïeutique présuppose l'écoute active créatrice d'un dialogue. La production de ce dialogue lors de vos échanges, est en principe annonciatrice d'une future bonne complémentarité.

L'écoute active est complète quand elle devient l'écoute «flottante», c'est-à-dire mobile et capable de vous situer à divers niveaux d'analyse et d'interprétation du dialogue. Vous lisez «plusieurs degrés» dans l'échange qui se déroule. Il suffit de s'entraîner.

2.2 L'art de l'observation

L'analyse de la communication verbale, orale et écrite est insuffisante et il est nécessaire de la compléter par une prise en compte de tous les éléments de la communication non verbale : les gestes, les postures, la présence. Leur prise en compte est un support indispensable à votre écoute et à votre compréhension.

Sans pour autant devenir un professionnel de la communication, il est important de savoir apprécier votre interlocuteur sous toutes ses facettes :

- Quand vous vous trouvez en contact avec cette personne quelles sont vos impressions, vos propres sensations ?
- Si vous êtes dans l'observation attentive et respectueuse, au cours de vos différentes rencontres que pouvez apprécier de sa manière d'être, de son aisance ?
- Qu'est-ce qui se dégage de l'ensemble de sa présence , de ses intonations, de ses mouvements, de l'ensemble de sa présence ?

Nous possédons tous un schéma corporel unique qui exprime notre personnalité de façon physique et symbolique, ce schéma envoie des informations sur notre structure interne et émotionnelle, il est aussi un vecteur de communication conscient et inconscient.

Nous possédons aussi des caractéristiques de langage de «nous-même».

Appréciez ce que vous dit cette personne à travers ses modes d'expression et l'impact que tout cela produit sur vous :

- Malaise, plaisir
- Confiance, perplexité
- Curiosité, Désintérêt
- Attractivité, ennui.

2.3 L'art du changement de perception

Ayez recours aux thèmes et aux filières pour découvrir la personne sous un angle différent. Cette approche vous permettra de mener une découverte libre et attentive de votre interlocuteur. En effet, qu'il y ait un ou plusieurs entretiens, les sujets sont vastes et le temps est compté. Cette approche vous permettra de passer dans des territoires mal signalés par les cartes de lecture habituelles.

Notre expérience nous permet de vous suggérer d'enrichir votre vision de votre interlocuteur en explorant 8 thèmes et filières en nous inspirant notamment de catégories désignées par Monsieur Alexandre TIC en les complétant.

Une nouvelle lecture de l'intelligence

La définition large de l'intelligence comme «capacité à s'adapter à son environnement» nous convient bien.

Mais en France, c'est souvent l'intelligence logique qui est perçue à la place de l'intelligence.

L'intelligence logique

Un ingénieur français, après des classes préparatoires et tout un système de sélection fondé sur les mathématiques, dispose en général d'un capital de logique que nous envient les Etats-Unis! Rien ne sert de tester la logique de votre interlocuteur.

Mais si votre interlocuteur a emprunté une filière de formation initiale moins sélective sur ce plan, ou dans une discipline non scientifique, vous pourrez aborder ce sujet avec lui, par la maîtrise d'outils pour lesquels la logique est importante : Analyse financière, ratios, tableaux, statistiques...

Pourtant, l'intelligence logique ne saurait suffire dans notre monde devenu imprévisible, complexe et incertain. D'autres formes d'intelligence peuvent être nommées et illustrées, c'est pourquoi nous vous suggérons d'interviewer votre interlocuteur en élargissant largement la simple recherche de cette intelligence logique, par exemple :

L'intelligence créative

On crée très rarement en partant de zéro, notre créativité se fait la plupart du temps par association d'idées.

- Comment votre interlocuteur a- t il déjà créé?
- Comment identifie-t-il la source créative d'un produit, d'une action, d'un service?
- Que peut-il revendiquer lui-même?
- Comment favorise-t-il, l'expression de la créativité dans ses équipes?...

L'intelligence de la réalité

Avoir les pieds sur terre, prendre en compte les éléments, ici et maintenant, savoir utiliser les ressources présentes et s'en contenter en les optimisant, avoir l'intelligence de la situation.

Les réponses à vos questions vous permettent de prendre la mesure des réactions de votre interlocuteur dans des situations réelles que vous lui demandez de décrire. Il faut l'entraîner sur des faits, lui faire évoquer sa perception de l'environnement des situations décrites, les enjeux, les tenants et aboutissants, la matérialisation, et surtout ne pas vous contenter de concepts et de généralités.

L'intelligence de soi et l'intelligence de l'autre

La dimension émotionnelle que nous avons traitée sous différentes facettes à travers la nouvelle dimension de l'intelligence relationnelle en chapitre 3 doit rester présente dans votre esprit.

Vous risquez de rentrer en contact directement avec ces émotions lors de vos rencontres avec les candidats et donc avec votre propre capacité à donner du sens à toutes ces informations.

Il s'agit de la capacité à percevoir l'autre, et à percevoir ce que l'autre perçoit de soi. C'est la conscience que nous ne sommes que des êtres sociaux existant à travers le regard des autres. L'intelligence de la dimension relationnelle et émotionnelle de la vie en fait partie. Animer une équipe, c'est lui donner une « âme ». Les grandes émotions primaires sont la joie, la peur, la tristesse, la colère, le dégoût.

La peur est par exemple une émotion taboue, et pourtant tout le monde a peur, elle est la manifestation de l'instinct de survie.

Questions à vous poser au sujet de votre interlocuteur futur N°2 :

- Que fait-il quand la peur survient?
- La reconnaît-il? Qu'en fait-il?
- Comment réagit-il dans la tempête?[1].

---

1. Lire BRUNO JAROSSON, *Oser la confiance.*

Cette émotion de base peut également être paralysante inutilement, peut se trouver submerger par une vague émotionnelle non rationnelle, et parfois difficilement maîtrisable ...

La peur est également le garde fou de la prise de risque et simultanément son catalyseur.

Il est donc utile de faire décrire à votre interlocuteur ce qu'il a ressenti dans des circonstances heureuses ou difficiles voire tragiques, (victoire dans un gros contrat, grève avec séquestration, acte indélicat d'un collaborateur...) :

- Comment a-t-il réagit, qu'a-t-il ressenti ?
- Que ferait-il aujourd'hui de différent ?
- Quel enseignement en a-t-il tiré ?

L'intelligence des systèmes

Cette intelligence là s'inscrit dans le monde d'aujourd'hui dans lequel, tout fait système. Elle permet de comprendre les entrées (input) et les sorties (output) d'un ensemble vivant, ses soupapes d'évacuation nécessaires. Elle permet de se situer dans un ensemble qui n'est plus linéaire, mécaniste, mais, récursif, dans lequel le tout est dans la partie (holomorphique). C'est l'école de PALO ALTO en Californie crée par GREGORY BATESON qui a fondé l'analyse systémique dans les années 60[1].

Les questions à vous poser sont les suivantes :

- Quelle capacité de mise en perspective globale a votre interlocuteur ?
- De quelle hauteur de vue et de quelle attention aux interactions, les plus évidentes comme les plus fines et les moins perceptibles par leurs nuances, est-il capable ?

L'intelligence de la complexité

La complexité est dimension omniprésente dans le monde d'aujourd'hui. Une approche logique et linéaire des évènements ne permet plus de comprendre les interactions des acteurs, la planification stratégique à base d'analyse logique ne correspond plus à ce monde «globalisé», mondialisé.

---

1. Lire *Systémique et entreprise* de JACQUES ANTOINE MALAREWITZ.

> Hervé SEYRIEX différencie le complexe du compliqué qui prévalait jusqu'alors par la métaphore de l'avion gros porteur (un airbus A320) et du plat de spaghettis. Une équipe d'ingénieurs et de techniciens talentueux peuvent démonter pièces par pièces un avion sur la piste d'un aéroport et le remonter sans dommages, cela est COMPLIQUE.
> Tourner sa fourchette dans un plat de spaghettis provoque des mouvements aléatoires et non modélisables, cela est COMPLEXE.

Comment évoluer dans le complexe? Après les approches matricielles, puis par projets, c'est l'approche par processus qui permet de naviguer dans le complexe[1]. Demandez à votre interlocuteur sa manière d'appréhender ce qui n'est pas défini, sa réaction dans l'imprévu ou l'incertitude d'une situation vécue, demandez-lui d'illustrer cela.

L'autorité comme critère d'équilibre

Vous allez transférer une partie de votre autorité à votre N°2, laquelle? Qu'attendez-vous de lui ? Quelle autorité êtes-vous prêt à lui transférer? L'autorité hiérarchique, celle que donne les galons?

Mais il ne s'agit pas seulement de cette autorité là. Elle existe et est nécessaire dans certaines situations, elle est bien adaptée à des organisations de type «bureaucratique», mais cette forme d'autorité n'est pas suffisante dans notre système de référence ouvert et concurrentiel en entreprise, dans lequel le complexe prédomine désormais.

L'autorité, est littéralement le droit, le pouvoir de commander, de prendre des décisions, de se faire obéir. Allez-vous lui transférer de l'autorité de décision?

---

1. Lire GENELOT, *Manager dans la complexité.*

Dans votre entreprise, dans votre environnement, quelle autorité est utile et acceptable? Comment votre interlocuteur aborde-t-il ce thème?

L'autorité de compétence, est celle qui se manifeste par la maîtrise de la technique ou du savoir-faire. Sachant mieux faire que les autres, celui ou celle qui détient cette expertise détient cette autorité légitime.

L'autorité de présence, elle, est naturelle (ou surnaturelle…).Il émane de celui qui en dispose à l'instant «T» un charisme, qui fait autorité. Il n'y a rien à dire de plus, vous avez déjà ressenti cela. On peut même la constater en observant des enfants jouant dans une cours de récréation!

L'autorité de jugement concerne le discernement. Elle consiste à prendre en compte les éléments, écouter, recueillir et arbitrer. C'est l'autorité du chef amérindien qui ne prononce qu'une phrase mais après avoir écouté tout le monde et le Sage qui est en lui prend la décision. Elle consiste à voir juste.

L'autorité d'influence. Dans cette forme d'autorité, le pouvoir est exercé de façon douce, indirecte ou directe, négative ou positive : il y a les éminences grises, manipulatrices négatives et «perverses» de type gourou ou RASPOUTINE et les éminences grises dévouées, utiles et positives comme PIERRE JUILLET et MARIE FRANCE GARAUD auprès du Président POMPIDOU

FRANÇOIS DELIVRE[1] parle du «pouvoir pour» qui est un pouvoir de mise en route, de réalisation et de facilitation, c'est le pouvoir de rendre possible. A l'inverse, il lui oppose dans le dessin ci-dessous le «pouvoir sur», pouvoir direct, avec ses côtés brutaux et bloquants, fruit d'une autorité qui est dans la force (ce qui peut-être utile dans certaines circonstances) mais qui ne se situe pas dans l'influence.

Ce thème a été abordé au chapitre 3, sous une forme détaillée pour vous aider à réfléchir à votre rapport au pouvoir. Ici nous l'abordons sous l'angle de la recherche de compétences.

---

1. François DELIVRE, *Le métier de coach.*

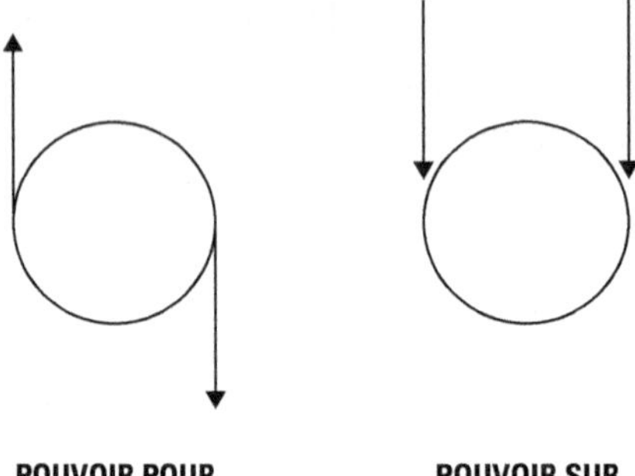

La responsabilité

Respondere, se porter garant. Sémantiquement répondre «est la racine de responsable, celui qui répond de ses actes».

Voici quelques questions pour explorer ce thème :

- Comment a-t-il assumé tel choix, telle décision, telle partie du résultat final?
- Qu'attend-t-il de son patron en terme de responsabilité vis-à-vis de lui? Que lui doit- il?
- Qui est responsable?
- Qu'a-t-il fait lorsque que l'un de ses directeurs de département n'a pas atteint son objectif ou a plus profondément failli? Quelle est sa part de responsabilité à lui ?
- Comment utilise-t-il le «JE»? le «NOUS»? le «ON»? le «VOUS»?

L'autonomie

L'autonomie est un thème «central», à ne pas confondre avec celui de l'accès à l'indépendance. L'autonomie c'est la capacité à se fixer ses propres règles de fonctionnement, dans un cadre que l'on n'a pas forcément choisi. On a tendance à penser qu'une personne indépendante est une personne capable de se débrouiller seule, sans faire la distinction entre autonomie et indépendance. Même si cela est en partie exact, c'est largement insuffisant car il s'agit pour un dirigeant d'entreprise de prendre en compte un processus bien plus large et complexe.

En s'inspirant des travaux de KATHERINE SYMOR, une des disciples d'ERIC BERNE fondateur de l'Analyse Transactionnelle, VINCENT LEHNARDT a rendu le concept d'autonomie utilisable en management grâce au développement sur ce sujet dans son livre *Les responsables porteurs de sens.*

«L'autonomie, n'est jamais un état acquis, mais un processus complexe, ambigu et toujours en devenir. Ce processus comporte des ruptures et des étapes incontournables… Chaque étape comporte des aspects positifs et des perversions possibles. Il est important d'identifier les besoins et les contraintes de chaque étape»

Vincent LEHNARDT identifie un cycle en 4 degrés qui s'enchaînent en spirale avec au centre un axe «SENS».

- degré 1 dépendance du «paillasson»
- degré 2 contre-dépendance du «hérisson»
- degré 3 indépendance du «polisson»
- degré 4 interdépendance de l'«unisson»

C'est l'interdépendance choisie, acceptée dans une recherche de sens qui permet la vraie autonomie.

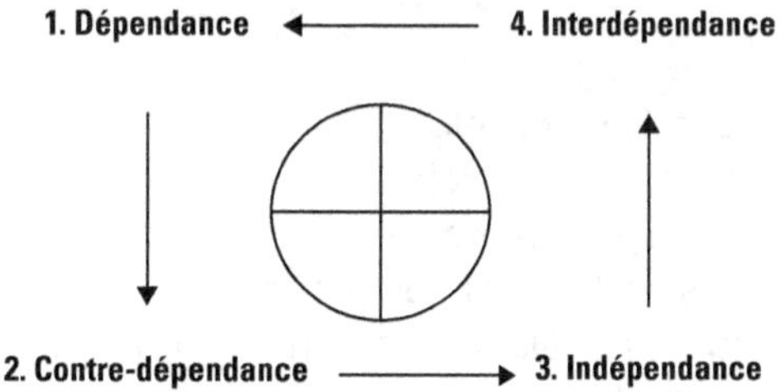

L'autonomie revendiquée par votre interlocuteur, n'est intéressante pour vous que si elle dépasse l'étymologie «vivre selon sa propre loi» et qu'elle devient bien la capacité à vivre et à être responsable en intégrant une loi venant de l'extérieur, en interdépendance.

- Que met-il derrière le mot reporting?
- A quel moment a-t-il jugé utile de prévenir son patron, ses collègues, son équipe dans telle ou telle circonstance?
- Quel management en mode «projet» a-t-il déjà exercé?
- Est-il capable d'être en position hiérarchique dans son premier rôle et simultanément en position fonctionnelle sur un projet...

La délégation

La délégation est directement liée à la prise en compte des éléments de l'autonomie par votre futur N°2. Maîtriser le processus de développement de l'autonomie permet de maîtriser celui de la délégation et de son corollaire, le contrôle, et d'ouvrir la voie à la vraie subsidiarité. Vous êtes ici au contact avec sa réelle capacité managériale. Demandez-lui de vous décrire des situations réellement démonstratives de cette dimension.

Les besoins

Quels besoins exprime votre interlocuteur pour exercer la mission que vous voulez lui confier, exprime-t-il des «envies», quels moyens réclame-t-il?

Mettez-vous à sa place en formulant ses demandes : désirs, besoins, demandes, moyens... :

- De quels moyens a-t-il besoin?
- Les moyens sont-ils suffisants?
- De quoi aura-t-il besoin au début?
- Comment défend-il ses intérêts?
- Comment valorise-t-il l'essentiel? Et l'accessoire?
- Se place-t-il sur les outils, sur les enchaînements ou sur le «sens» dans ses réponses?...

La motivation

- Pourquoi vous rejoindrait-il?
- Est-il «venu vers » votre entreprise ou quitte t-il celle où il est?
- Que sait-il déjà de vous? De vos produits, de votre organisation?

– Pour quoi (en deux mots) faire équipe avec vous?
– Qu'est ce qui le guide?
– Comment cela se complète-t-il avec les besoins ?
– Comment l'exprime-t-il?
– Cela sonne-t-il «juste»?

Quels sont ses moteurs de fond, qu'est ce qui le fait avancer, quelles sont ses valeurs? Quel sens donne-t-il à son engagement professionnel à vos côtés dans cette étape de sa vie?

2.4 L'art du tact

Sachant que votre curiosité et vos investigations concernant votre interlocuteur sont freinées et délimitées par la loi, il vous faudra du tact, de la subtilité, de la dextérité et de l'intuition pour «lire» tout cela dans vos entretiens en peu de temps.

Néanmoins n'hésitez pas à être «indiscret», tout en étant respectueux. Demandez par exemple le moment venu la copie des diplômes même si c'est loin dans le temps, justement! Prenez des références professionnelles même à ce degré de responsabilité.(Le faire en vérifiant toujours si cela est possible sans mettre votre interlocuteur dans l'embarras). La prise de références est un exercice intéressant en soi, à bien décoder, dans lequel l'art du questionnement est utile.

Que diriez vous, vous-même, si l'on vous questionnait sur tel ancien collaborateur, cadre supérieur dans votre entreprise et parti depuis? Vous imaginez les enjeux cachés derrière une collaboration réussie ou non, derrière un départ... il faut souvent interpréter une prise de référence.

Enfin, nous vous recommandons de ne pas vous laisser piéger par des «mots complices» ou par ce que l'on appelle en anglais «to drop names», un interlocuteur qui donnerait le change ainsi, en citant des relations communes, des professionnels croisés par le passé, des grands noms auxquels il s'associe de cette manière manipulatrice. En parlant par sigles que vous seriez sensé connaître pour travailler dans le même univers professionnel : «vous savez le PSS 3, c'est la meilleure école de vente que l'on peut faire dans telle grande multinationale d'accord mais il y a 15 ans ! Votre interlocuteur peut ainsi se discréditer à vos yeux.

2.5 L'art de l'approfondissement et de l'approche globale

Rappelez-vous que vous êtes une personne «globale», que votre interlocuteur l'est également, comme il est un acteur à part entière.

Les 13 degrés d'identité d'une personne : la personne globale

En nous inspirant des travaux de Vincent Lehnardt dans *Manager porteur de sens*, et dans *Oser la confiance*, nous dégageons en les complétant, les 13 degrés d'identité suivants d'une personne globale.

1 Confessionnel/Spirituel	8 Dimension physique
2 Existentiel	(santé, alimentation, sport...)
3 Culturel	9 Opérationnel professionnel
4 Emotionnel	10 Fonctionnel
5 Psychologique conscient	11 Managérial
6 Psychologique inconscient	12 Environnemental
7 Vie privée, sphère familiale	13 Pouvoir

Cela signifie que les dimensions qui sont les siennes en tant que personne vont bien au-delà de sa profession et de sa dimension managériale.

Votre interlocuteur est un être humain, une personne avec ses forces, ses faiblesses, ses zones d'ombres et de lumière, qui vit avec ses racines, avec son histoire personnelle, son éducation, sa santé, avec ses dimensions psychologiques inconscientes et conscientes, son contexte familial passé et présent. Ce «candidat N° 2» évolue également dans un environnement organisationnel, dans des fonctions institutionnelles, dans une dimension culturelle voire spirituelle.

Il n'est pas question pour vous de vous aventurer dans la découverte de tous ces champs, mais nous vous invitons à les envisager sous forme globale, rechercher un équilibre global sans jugement de valeur réducteur de vision ou de créativité féconde dans votre future coopération.

Il est par exemple important de découvrir et connaître votre interlocuteur dans ses relations familiales, connaître ses capacités de «ressourcement». Pour ces deux exemples, il est aisé d'organiser une rencontre avec les conjoints de chacun dans un contexte différent d'un bureau directorial, autour d'un verre ou lors d'un déjeuner si les circonstances l'autorisent, bien évidemment. Il s'agit toujours de rester dans la congruence de votre style et de votre culture d'entreprise.

Ce qui se passe entre votre interlocuteur et vous lors de ces rencontres est difficilement codifiable dans une grande théorie psychologique. Il y a avant tout deux dirigeants qui s'observent, s'écoutent et qui auront envie de se faire confiance ou pas. Pour cela il faut également se parler, se découvrir, aux deux sens du terme.

Le choix qui s'opère aura de la consistance dans la durée, si l'on ne peut pas mesurer la complicité possible, la qualité de la relation potentielle, on peut en avoir l'intime conviction, l'intuition, l'envie.

Choisir et être choisi! C'est une vraie rencontre.

3. Une attitude d'ouverture pour se laisser choisir

Choisir et être choisi sont deux éléments en miroir, en résonance. Les raisons de la complémentarité entre un dirigeant et son N° 2 sont à mettre en comparaison avec celles qui favorisent les couples durables, les binômes réussis, les associations fructueuses.

Vu, lu, entendu

Dans la littérature, observons les binômes célèbres : les couples caricaturaux «Maîtres–Valets». Ils sont intéressants pour la complémentarité qu'ils révèlent entre des personnages qui ont, au fond, besoin l'un de l'autre, pour des raisons différentes et qui ne se situent pas en réalité dans une problématique de maître à serviteur mais bien de N° 1 / N° 2.

Nous retrouvons ces figures par exemple dans JACQUES LE FATALISTE ET SON MAÎTRE (DIDEROT), DON JUAN ET SGANARELLE (MOLIÈRE), DON QUICHOTTE et SANCHO PANSA (CERVANTES), SINOUE L'EGYPTIEN et son ESCLAVE (WALTIRIMIKA) et même bien sur FRODON et SAM dans LE SEIGNEUR DES ANNEAUX (TOLKIEN).

D'autres formes d'expressions artistiques ont saisi ces complémentarités.

La BD avec ASTERIX ET OBELIX, TINTIN et le CAPITAINE HADOCK, LUCKY LUCK et JOLY JUMPER (un cheval...si si!).

Que dire des duos du Cinéma de la première heure LAUREL et HARDY.

Ce clin d'œil pour vous encourager à visiter cette relation avec un regard différent. Bref, quelle position adoptez-vous? Que demandez-vous à votre N° 2, jusqu'où?

Etre choisi cela signifie aussi, se laisser comprendre par l'autre. Etre sincère, être soi, savoir dire ce que l'on ne sait pas, ses préférences, se révéler à l'autre pour lui permettre de mieux vous connaître à son tour.

Il s'agit de faire cela avec discernement et bien évidemment pas de vous «déshabiller», mais en tout cas de permettre à l'autre de percevoir autre chose que votre «masque» de dirigeant.

Cela vous permet d'être choisi pour ce que vous êtes, en tant qu'être humain vous aussi, avec vos forces, vos faiblesses, vos certitudes, vos intuitions, vos doutes…

Cela vous permet d'être choisi pour ce que vous faites : présenter vos enjeux pour l'entreprise, votre objectif, vos hypothèses, équilibrer la présentation du passé, du présent et la projection dans le futur.

Un N°2 a besoin de confiance donnée et de perspective dans la construction possible d'un itinéraire et d'une relation. Il vous faut trouver le subtil dosage entre attirer quelqu'un et vous laisser choisir par lui, dans un mouvement «push et pull».

Votre attitude authentique et naturelle dans cet échange permettra de créer les conditions de réussite du recrutement de votre N°2.

Ouvert sur l'autre par la qualité de vos questions et de votre écoute, vous vous ouvrez aussi en contrepartie à lui par les informations que vous lui donnez, par votre capacité à faire tomber votre «masque», et votre armure. Votre N°2 a besoin de savoir comment vous fonctionnez pour être encore mieux votre N°2.

La capacité à faire des retours, des «feed-backs» positifs et critiques, l'instauration d'un dialogue, cela se met en œuvre dès les premiers entretiens et les négociations. Vous faites un recrutement «capital» souvenez-vous!

La congruence dont nous avons parlé plus haut comprend également cette capacité à se laisser choisir, sans passer en force, en respectant le libre arbitre de l'autre. Un recrutement réussi commence par cette relation première qui pourra alors se consolider dans la coopération quotidienne.

- Vous préparer à la découverte en détaillant ce que vous recherchez.
- Avoir conscience de ce que vous recherchez et être capable de le nommer : compétences, caractéristiques, traits de personnalité, valeurs... d'un dirigeant d'aujourd'hui dans votre entreprise.
- Maîtriser une dynamique de questionnement qui croise en matrice l'art de la maïeutique et les filières et thèmes que nous vous avons proposés.

Tels ont été les apports de ce chapitre qui, en outre, vous a permis de prendre conscience que tout cela n'est pas à sens unique, mais que dans ce recrutement de votre N°2, la partie se joue vraiment à deux.

- Cette double posture «choisir et être choisi», vous permet de construire dans le recrutement les conditions d'un véritable dialogue, d'une collaboration respectueuse et consciente de vos intérêts réciproques, et au fond de renforcer votre propre compétence managériale.

Chapitre 6

Sachez accueillir, intégrer et accompagner Rassemblez les conditions de la réussite

Entre le moment où vous avez réalisé votre choix et le moment où la personne sera véritablement présente, vous allez avoir plusieurs opportunités pour tester, valider, mettre en place des conditions de réussite de la coopération.

Un gage du succès de votre binôme réside fortement dans votre disponibilité, votre créativité pour créer des moments clefs de rencontre, des événements à vivre ensemble. Avant de rentrer dans le timing de la réussite de l'intégration, avec la mise en place d'une vraie chronologie, il est important de rappeler certains points clefs propres à la construction d'une relation.

Choisir et être choisi, avec toute l'attention, le professionnalisme et le cœur que vous allez y mettre ne signifie pas la garantie a priori de la réussite totale, à tous les coups...

Choisir et être choisi peut vous amener, tout au long de ce processus à rencontrer des difficultés, à traiter des objections, à affronter le refus ou l'impossibilité de concrétiser.

Comme toute démarche qui est orientée vers l'humain, il est possible qu'elle se brise en plein parcours naissant. Il est important que vous acceptiez aussi cette éventualité.

1. LA CONSTRUCTION DU COURT TERME

Dans cette période d'intégration il est important que ces différentes étapes vous permettent aussi de vivre des rôles différents.

Vous avez décidé, vous vous êtes décidés tous les deux, vous vous êtes mis d'accord, votre négociation est terminée à ce stade; sa lettre d'embauche et son contrat ont fait l'objet d'un accord formel et signé contractuellement, bref, toutes les parties prenantes sont d'accord, le recrutement est conclu... Que se passe t-il alors?

1.1 Utilisez à votre profit la période de préavis

Elle se déroule entre la signature du contrat et l'arrivée de ce collaborateur : il se peut que les contraintes contractuelles légales, qui lient tout cadre en France à son entreprise, vous demandent encore 3 mois d'attente entre le contrat reçu signé et le démarrage effectif à vos côtés.

- Quand commence votre collaboration, à quelle date?
- Qu'allez vous faire du temps de préavis qu'il doit à son employeur actuel? Car si tel est le cas, trois mois, c'est très long!
- Que faites-vous de cette période de préavis?

Exemple

Lors du recrutement d'un Directeur Administratif et Financier, notre client, le Directeur Général (DG) de la filiale française d'un groupe anglo-saxon, recrutait son N°2 pour remplacer son N° 2 partant à la retraite. Ce dernier avait été associé de près à la définition de missions et avait participé à l'ensemble du processus de recrutement aux côtés du DG.

Le DG avait fait preuve d'un grand professionnalisme et d'un réel souci de management intelligent et humain de la transition. Tout était prévu, y compris une période de double commande entre l'ancien et le nouveau N°2.

Le contrat étant signé, notre client nous informe que, son futur collaborateur ne serait libéré par son actuel employeur qu'après une période de préavis complète de 3 mois en raison de la période de clôture des comptes où nous nous trouvions. Il en avait pris bonne note avec une certaine impatience et un peu de déception à laquelle il se résignait.

Jouant notre rôle de conseil, nous avons attiré son attention sur le fait qu'il pouvait néanmoins utiliser cette période comme élément positif d'intégration.

Voilà ce qui fut décidé :
- une rencontre toutes les deux semaines lors d'un petit déjeuner, les 6 rendez-vous étant fixés à l'avance,
- la participation du futur N°2 à une partie du séminaire de cadres,
- une contribution technique sur un dossier d'investisse-ment.

Dans cet exemple la période de préavis a ainsi été constructive, positive et a crée finalement une dynamique dans la prise de fonction de ce dirigeant, avant son arrivée réelle.

Vous pouvez imaginer toutes sortes d'occasions de créer un lien durant cette période de préavis selon votre activité, le contexte de votre équipe et de votre entreprise.

1.2 Optimisez la période d'intégration

Il faut d'abord distinguer la période d'essai légale, juridique, contractuelle et la période d'intégration au sens managérial.

Dans certains cas :

- la période d'essai légale de 3 mois peut être doublée, deux fois 3 mois renouvelables,
- la période d'essai peut être statutairement de 1 an pour certain poste de cette position,
- la période d'essai peut être supprimée dans une négociation où les parties ont intérêt à le faire (même secteur d'activité, expertise technique rare du n°2...).

« Période d'intégration » est donc le terme qui nous semble le plus approprié même si bien évidemment vous avez noté scrupuleusement les dates légales indispensables qui peuvent aussi être utilisées intelligemment pour jalonner le temps de cette période d'essai qui passe toujours trop vite.

Cette période vous permet d'être sur deux fronts simultanés et non dissociés :

> – Le premier est celui de la découverte qui doit permettre à votre N°2 la prise en compte de son environnement interne et externe, de son entourage, les personnes, les lieux, les outils, les réseaux… . Elle doit lui permettre de placer rapidement une réalité derrière les descriptions qui lui ont été faites jusqu'à présent par des entretiens ou derrière les impressions fugaces glanées lors de ses visites.

Pour cette étape, vous pouvez par exemple demander dès le début à votre collaborateur de consigner ses observations, d'utiliser son regard neuf pour noter ses questions, ses étonnements, ses constats. Vous lui donnerez une date pour examiner avec lui ce travail.

Vous le mettrez complètement dans une perspective positive en lui donnant une règle du jeu claire autour de cette demande, par exemple sur votre capacité à entendre ses remarques avec intérêt, réalisme, bienveillance, à utiliser ses informations sans le mettre en porte à faux vis-à-vis des autres collaborateurs clefs, sur votre attention à décrypter des critiques qui peuvent ne pas prendre en compte des raisons que seul le temps permet de comprendre dans une organisation.

Vous rendrez ce travail important pour lui comme pour vous en lui demandant un document écrit, sans en faire toutefois un rapport démesurément formel et accaparant. Cela vous permettra enfin de percevoir des signaux intéressants de forme et de fond sur lui.

> – Le deuxième est celui de l'action. Vous avez peu de temps en réalité pour le voir à l'œuvre, il s'agit donc de le mettre en situation. Choisissez des situations variées où vous pourrez rapidement voir les fruits de son action : par exemple une mission particulière, une présence dans une réunion exceptionnelle, une présentation «power point», une prise de parole en public, une intervention en anglais devant plusieurs personnes (coup de téléphone ou entretien), la participation à une situation délicate, un conseil hors champ de compétence… que votre imagination soit débordante, mais pas étouffante non plus !

En plus de sa mission liée à sa fonction, il est important qu'il puisse dans cette étape d'intégration être placé au contact de vos équipes, de certains clients, de certains fournisseurs, de certains partenaires ... Vous serez attentifs à obtenir (avec habileté...) des commentaires de ces partenaires.

Décidément cette période d'intégration n'est pas une période de repos! Elle est même pour vous une période de surinvestissement, et ce n'est pas encore le moment de vous «relâcher». Vous devez être particulièrement présent et très observateur maintenant, après il serait trop tard pour gérer une fissure, une déception voire un échec toujours possible avec les décisions et les actes qui s'ensuivent.

En réalité en agissant ainsi, vous construisez de la réussite dès le début. La réussite n'est pas à venir, elle se tisse entre lui et vous dès le début. Par l'énergie que vous investissez dans cette première étape clef d'intégration, votre N°2 va ressentir votre envie de le voir réussir et vous donnera le meilleur de lui-même. Vous êtes au point de départ de sa motivation en générant cette spirale vertueuse.

En tant que N°1 c'est vous le leader, le dirigeant «porteur de sens», vous êtes ce point de départ.

Votre N°2 est à vos côtés et vous êtes satisfait des débuts de votre collaboration. Peut-être allez-vous même jusqu'à observer que des axes de coopérations auxquels vous n'aviez pas pensé sont en train d'émerger en particulier avec les autres membres de l'équipe de direction. Vous vivez mieux votre vie de Patron ...

Ce résultat est le vôtre. Vous avez su anticiper, comprendre, puis mettre en œuvre cette décision avec une approche adaptée, de l'attention, et de l'énergie.

Vous avez piloté ce recrutement comme un acte majeur de vos responsabilités de dirigeant, un acte capital d'investissement, et comme tout investissement vous en retirez retour et profit, pour le développement de votre entreprise ou de votre organisation. Toutefois comme cet investissement est à la fois «immatériel» et humain, vous avez pu ressentir à la fois du doute et de l'espérance en même temps. Cette richesse donne à la plupart des dirigeants une authentique raison d'exercer leur mission. La réussite des entreprises ne passe durablement que par la réussite et la qualité des hommes, le N°1 et son (ou ses N°2) sont à la source de cette courroie d'entraînement qui donne du sens au métier de dirigeant et qui apporte la réussite aux entreprises.

2. La projection de la coopération pour un avenir commun

Vous pouvez à la fois rester dans votre position de N°1, tout en prenant le temps d'être en position de «Mentor», de «soutien», «d'entraîneur», c'est une occasion de passer le relais et de renforcer votre présence dans tous les réseaux qui ont de la valeur ajoutée pour l'essor de votre entreprise et de son image de marque.

Pensez «réseau» :

- Dans quels cercles voulez-vous être représenté?
- Pour quelles raisons est-ce important pour vous, pour lui, pour l'entreprise?

Vous pouvez commencer à envisager une façon de vous répartir les formes de représentation.

Projeter la coopération dans le futur est une attitude que chacun peut avoir depuis le début de la relation faite de libre expression et de concertation.

Normalement dans votre phase de recrutement vous avez déjà testé si votre N°2 était sur un vrai projet de construction d'une nouvelle étape de sa vie professionnelle. En tant que N°1 il est important que vous restiez le pilote de cette relation. A vous de prendre des initiatives pour créer une dynamique d'évolution.

Cette évolution peut se bâtir selon différents types de schémas, qui correspondent à la fois à des priorités liées à l'environnement de votre entreprise, (de votre service, de votre filiale), mais aussi au mode de fonctionnement de chacun.

Penser le futur c'est déjà faire en sorte qu'il soit ouvert pour un avenir que l'on dessine à partir de soi et à partir des autres... Pour qu'il y ait avenir il faut qu'il y ait une confiance durable...

Créer les conditions de réussite pour l'avenir c'est peut être s'inventer des règles du jeu pour chaque jour, simples et claires : par exemple la façon de se tenir au courant des événements les plus importants dans le cadre des responsabilités réciproques; ou les modes de représentation auprès des interlocuteurs majeurs, clients, partenaires, banquiers, relations institutionnelles et consulaires; ou convenir de règles de transparence de consultation en cas de désaccord, d'objection et se donner un code d'honneur avec des droits et des devoirs connus par chacun.

Projeter la relation dans le futur : c'est aussi penser l'évolution de cette petite équipe que vous êtes en train de former en une équipe plus large. Vous pouvez imaginer que cette réussite serve de modèle pour une coopération plus forte, concrétisée par une présence d'autres N°2 ...

Pouvez-vous imaginer une équipe de N°2 avec une délégation élargie et répartie sur plusieurs personnes avec le même degré de confiance, et la même exigence de transparence?

Pour qu'il y ait un avenir dans ce futur, il est nécessaire que vous croyez dans vos projets et dans votre mission.

Quand passerez-vous à une nouvelle dimension d'équipe...! Cette première étape est une manière de contribuer à développer l'intelligence collective de votre environnement.

Certains dirigeants, ont déjà su développer ce mode de management avec leurs responsables de filiales, et l'on peut imaginer une vraie démultiplication de cette approche pour l'organisation des services et des départements, et non simplement des directions générales.

Le développement des organisations transversales peut faire penser que la création de binômes, de duos pourrait devenir anachronique, mais nous ne croyons pas. La transversalité a aussi mis en évidence les problèmes posés par l'absence de repères clairs pour beaucoup de collaborateurs sur les sources de la décision, de l'arbitrage, et les répartitions de responsabilités.

Nous pouvons imaginer qu'avec l'idée de promouvoir la délégation sous la forme de l'existence de nombreux N°2, s'ouvre une réelle possibilité de coopération à taille et à visage humain, et peut être pouvons-nous croire au développement d'un nouveau type de relation managériale.

Irez-vous jusqu'à partager la lecture de ce livre avec vos futurs N°2!

CONCLUSION

Pour créer les conditions de réussite d'un avenir commun entre vous et un N°2 il vous a fallu :

- Rester lucide sur vous-même, vos désirs d'évolution, de positionnement personnel, votre rapport intime au pouvoir et ses conséquences.
- Rester vigilant sur la répartition du pouvoir.
- Maintenir des positions cohérentes sur les rôles et les missions.
- Développer le leadership de façon équilibrée.
- Faire évoluer la culture organisationnelle de l'entreprise, l'enrichir.
- Savoir valoriser les talents de votre N°2 de manière suffisante, le promouvoir.
- Entretenir l'apprentissage managérial de l'ensemble de cette démarche pour maintenir une qualité permanente des échanges, et de la manière de travailler.

Dans ce livre nous avons voulu vous offrir une problématique nouvelle à la croisée de plusieurs chemins, ceux :

- de l'appréciation de l'environnement, de la culture qui donne une identité à une entreprise,
- de la réflexion sur soi,
- de l'ouverture vers de nouvelles conceptions du pouvoir,
- de la pratique de la découverte d'un autre,
- d'une démarche complète, riche, structurée et diversifiée.

Notre propos a été de mettre l'humain au cœur de l'appréciation d'un itinéraire plein de moments riches en découverte de soi et des autres.

Cette démarche proposée est pour nous une opportunité de mettre en forme des exigences de rigueur, d'ouverture vers une nouvelle façon de concevoir un mode de coopération, et une nouvelle façon d'être dirigeant.

Nous espérons que cette lecture vous a donné à la fois la possibilité de faire le point avec vous-même de façon élargie et de vous référer à un cheminement précis et plus technique, pour vous guider dans vos choix.

Dans un contexte général où les contraintes sont toujours plus fortes, les craintes sont aussi très fortes, la méfiance est de plus en plus présente. C'est justement pourquoi nous pensons qu'une approche managériale doit créer de la confiance, se bâtir dans la confiance et générer de la confiance.

Choisir et être choisi présuppose une liberté pour soi et pour les autres. La démarche de choix chemine entre envie, exigences, possibilités, échanges, mises au clair, décision, construction. Nous vous souhaitons donc le meilleur chemin.

ANNEXES

LE RECOURS AUX OUTILS DE CONNAISSANCE DE LA PERSONNALITÉ

LE MBTI

Instrument de mesure de la personnalité le plus utilisé dans le monde, le MBTI a été développé par KATHERINE BRIGGS et ISABELLE MYERS en 1941 à partir de la théorie des «Types psychologiques» de Jung.

Le principe du MBTI est simple : les différences de comportements que l'on observe entre les individus ne sont pas le résultat du hasard mais la conséquence de préférences spontanées concernant quatre dimensions fondamentales. La combinaison de ces préférences conduit à la définition de «types psychologiques».

Validé pendant des dizaines d'années sur plusieurs millions de cas, il a été adapté en France en 1987 et bénéficie d'une très importante bibliographie.

La version française, révisée en 1994, a fait l'objet d'une étude approfondie qui a permis de vérifier la structure factorielle de l'outil et la pertinence des questions.

Les utilisations du MBTI

Le MBTI se prête à de nombreuses utilisations tant en individuel qu'en collectif :

Bilan personnel et professionnel / Orientation

A partir de l'identification du fonctionnement psychologique préférentiel de l'individu, on met en évidence ses atouts et ses difficultés, sur la base desquels on élabore un projet professionnel. Types et professions sont en effet fortement corrélés. On pourra explorer les métiers ou secteurs d'activité potentiellement satisfaisants, évaluer les meilleurs appariements individu/emploi.

Communication / Management

En offrant une grille de lecture des comportements en termes de types psychologiques, le MBTI propose une meilleure compréhension de différences interindividuelles et donc une communication plus constructive.

A travers des jeux de rôles, les individus prennent conscience des implications de leur type et apprennent à repérer celui de leur interlocuteur afin de mieux comprendre ce dernier, mieux le convaincre ou mieux négocier avec lui.

Concernant le management, on peut, à partir des classifications par «tempéraments» et par «quadrants», identifier le style de leadership pour optimiser son utilisation et l'adapter, le cas échéant, aux caractéristiques de l'équipe.

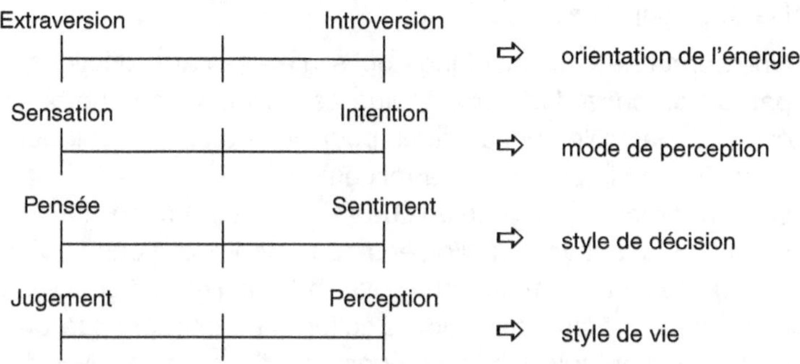

> ### Animation et cohésion d'équipe
>
> Pour visualiser la structure du groupe, on positionne chacun de ses membres sur la "table des types". A partir de ce profil collectif, on organise des jeux de rôles en sous-groupes qui amènent chaque participant à découvrir son propre fonctionnement et à réajuster les représentations qu'il a de ses collaborateurs, de leurs fonctionnements et de leurs besoins.
>
> L'analyse de l'ensemble de ces dynamiques interindividuelles permet d'aborder des thèmes tels que la communication interne, la gestion des conflits, les modes de résolution de problème, l'utilisation optimale des ressources de chacun.

LE TMS

Le modèle TMS (Team Management System) repose sur les travaux de CHARLES MARGERISON et dick MCCANN. Pour établir cet outil de diagnostic, ils se sont appuyés sur le test MYERS BRIGGS, lui-même issu de la psychologie de JUNG, et sur les recherches de MEREDITH BELBIN sur les équipes performantes.

Il croise deux approches :

- Une approche «sociologique» qui s'intéresse aux fonctions assurées par la personne dans une équipe de travail. Cette approche met en évidence les rôles nécessaires pour qu'une équipe soit performante et positionne la personne parmi ceux-ci.
- Une approche «psychologique» qui présuppose l'existence de modalités d'actions privilégiées, de prédispositions, qui amènent chacun de nous à mettre en œuvre plus facilement certains comportements, à préférer un mode d'action plus économique qu'un autre jugé plus coûteux. Cette composante du modèle TMS évalue les caractéristiques individuelle de la personne.

Le modèle TMS s'intéresse particulièrement au positionnement de la personne dans son environnement de travail, par différence avec le MBTI (MYERS BRIGGS Test Inventory) dont il est issu qui est un diagnostic plus généraliste.

Ce modèle, validé par dix ans d'utilisation et de recherche entre 1985 et 1995, existe en huit langues. Il est très utilisé dans les pays anglo-saxons.

Les études menées, entre autre par MEREDITH BELBIN, montrent que les huit rôles suivants doivent être assurés pour qu'une équipe soit performante :

CONSEILLER : rechercher, rapporter et diffuser de l'information

INNOVER : créer et expérimenter de nouvelles idées

PROMOUVOIR : explorer et présenter les opportunités

DEVELOPPER : évaluer et tester la faisabilité des nouvelles approches

ORGANISER : définir et appliquer les programmes de réalisation

PRODUIRE : finaliser et livrer les prestations

INSPECTER : suivre le fonctionnement du système et vérifier la conformité du résultat

MAINTENIR : fournir supports, assistance, infrastructures fonctionnelles

Ces différentes fonctions peuvent être tenues par des personnes différentes ou être regroupées sur certains membres de l'équipe.

L'index , roue TMS et profil d'équipe

L'index TMS est un test qui permet de situer ses caractéristiques personnelles par rapport aux 4 «préférences» et d'identifier ses rôles principaux et connexes.

Les réponses au questionnaire sont analysées par un programme informatique spécialement développé qui produit un rapport d'environ 4000 mots : le Profil TMS. Chaque profil décrit les préférences dans le travail de la personne relativement à son style de prise de décisions, à sa manière d'établir ses relations interpersonnelles, à sa manière de construire une équipe, à ses forces en tant que leader, etc.

Pour visualiser les rôles, le modèle TMS les fait figurer sur un diagramme en forme de cercle, la «roue TMS».

La roue TMS se divise en huit secteurs désignés par des mots composés comme Explorateur-promoteur, Evaluateur-développeur, etc. Le premier mot, par exemple «Explorateur», se réfère au comportement de la personne qui se situe dans ce secteur, alors que le second mot indique la fonction exercée dans le travail.

Les résultats fournis par l'index TMS indiquent le secteur préférentiel dominant de la personne, ainsi que deux autres secteurs connexes dans lesquels elle opère aussi volontiers. Ainsi quelqu'un peut montrer une préférence comme Créateur-innovateur et avoir des rôles connexes comme Propulseur-organisateur et Finalisateur-producteur, ou bien être un Contrôleur-inspecteur avec des rôles connexes comme Finalisateur-producteur et Supporteur-mainteneur.

En superposant les «roues» des différents membres d'une équipe, on peut visualiser **le profil d'une équipe** ainsi que ses forces et faiblesses.

> Rappelons en effet que le modèle TMS repose sur les constats suivants :
>
> – Plus une équipe est diversifiée en terme de rôles, plus elle est performante, mais plus la fonction de coordination est importante pour maintenir cette performance.
>
> Une équipe doit identifier les rôles manquants pour se donner les ressources de sa performance.

Chaque profil correspond à un style d'encadrement spécifique :

ROLE PRINCIPAL	STYLE DE MANAGEMENT
Supporteur-Mainteneur Informateur-Conseiller	Management des hommes
Créateur-Innovateur Explorateur-Promoteur	Management des idées
Evaluateur-Développeur Propulseur-Organisateur	Management des processus
Finalisateur-Producteur Contrôleur-Inspecteur	Management des choses

LE SOSIE

SOSIE est édité par les Editions du Centre de Psychologie Appliquée. Il est issu de 3 inventaires combinés entre eux pour évaluer 9 traits de personnalité, 6 valeurs interpersonnelles et 6 valeurs personnelles. Les valeurs sont des éléments moteurs ou des sources de motivation qui inspirent les réactions d'une personne.

Ces 2 types de dimensions, personnalité et valeurs sont identifiés par un questionnaire à partir de 98 séries de phrases décrivant des situations. Les 98 séries sont réparties en une première catégorie comprenant 38 séries de 4 situations, parmi lesquelles la personne qui passe le Sosie doit choisir la situation qui lui correspond le plus et celle qui lui correspond le moins. Une deuxième catégorie de 60 séries comportant 3 situations chacune, l'amène à choisir les situations qu'elle considère comme les plus importantes et les moins importantes pour elle. Les choix se font à partir d'un boîtier électronique.

Les 4 axes et les 4 style du Sosie

Afin de faciliter l'interprétation des résultats, 4 axes sont dégagés :

La dimension personnelle

L'ascendance

La stabilité émotionnelle

L'estime de soi

Le dynamisme

La persévérance

Les aspirations

Le challenge personnel

La considération sociale

La liberté d'action

La variété/nouveauté

L'intérêt pour les autres

> *Le travail*
>
> *La circonspection*
>
> *La curiosité d'esprit*
>
> *Le matérialisme*
>
> *L'implication – la décision*
>
> *L'organisation – la méthode*
>
> *La clarté des objectifs*
>
> *Les échanges*
>
> *La sociabilité*
>
> *L'acceptation des autres*
>
> *La recherche d'approbation*
>
> *Le conformisme*
>
> *Le goût du pouvoir*
>
> ***Ces 4 axes permettent de dégager 4 styles***
>
> *Style A Stabilité et structure*
>
> *Style B Pouvoir et activité*
>
> *Style C Ouverture et Contrôle*
>
> *Style D Désintéressement et conviction*

LE D5D

Elaboré par des experts français, spécialistes des théories de la personnalité et experts en psychométrie, D5D est un questionnaire de personnalité informatisé. Fondé sur la théorie de «Big Five», D5D signifie Description en 5 Dimensions.

La richesse de D5D repose en partie sur les croisements possibles entre les différents mode de passation et de lecture des résultats.

Les 5 dimensions évaluées par ce test sont :

- Extraversion
- Agréabilité
- Conscience
- Stabilité émotionnelle
- Ouverture

En un temps de passation très restreint (10 à 15 minutes), D5D fournit un ensemble d'informations très précieuses dans un processus d'évaluation. Il s'agit de faire des choix successifs dans 11 séries de 5 adjectifs, permettant à la personne qui répond au questionnaire de se décrire.

Les résultats sont affichés à l'écran sous forme de courbes superposables, qui permettent des analyses de complémentarité entre 2 personnes.

La restitution peut-être rapide et vivante, créant le dialogue et instaurant la communication pour les éléments de personnalité qu'il n'est pas aisé d'aborder directement.

D5D permet de réaliser une « description de soi », la définition d'un « soi idéal », la définition d'un « profil recherché » ou encore d'une « image perçue ».

Enfin, on peut faire une lecture sous forme de « comparaison » entre 2 profils.

Détails des 5 dimensions du 5D

Facteurs	Scores Faibles	Scores Eleves
1	Extraversion	Introversion
2	Fermeté intransigeante	Bienveillance accommodante
3	Faible organisation Improvisation	Conscience, Fiabilité
4	Tension, Inquiétude	Stabilité émotionnelle
5	Conformisme	Ouverture Dynamisme intellectuel

ANNEXE 2

TYPOLOGIE DES DIRIGEANTS DE **PME**
LA RELATION AU CAPITAL : FAMILLE ET PROPRIÉTÉ

Pourcentage de dirigeants de PME détenant plus de 50 % du capital de l'entreprise :

Taille	Majoritaires en direct	Majoritaires par capital maîtrisé (avec Famille et amis)
PE	47 %	76 %
ME	27 %	49 %
PME	44 %	72 %

Pourcentage de capital détenu en direct par le dirigeant de PME :

	PE	Cumul	ME	Cumul	PME	Cumul
< 33 %	25 %	54 %	**53 %**	73 %	29 %	57 %
33 à 50 %	29 %		20 %		28 %	
51 à 67 %	10 %	46 %	7 %	27 %	10 %	43 %
+ 67 %	36 %		20 %		33 %	
Total	100 %	100 %	100 %	100 %	100 %	100 %
Moyenne	53 %		38 %		50 %	

Pourcentage de capital maîtrisé par le dirigeant de PME (direct + famille et amis) :

	PE	Cumul	ME	Cumul	PME	Cumul
< 33 %	11 %	24 %	44 %	51 %	16 %	28 %
33 à 50 %	13 %		7 %		12 %	
51 à 67 %	7 %	**76 %**	6 %	49 %	7 %	**72 %**
+ 67 %	69 %		43 %		65 %	
Total	100 %	100 %	100 %	100 %	100 %	100 %
Moyenne	70 %		50 %		6 %	

COMPÉTENCES ET FORMATION

Pourcentage de dirigeants estimant que leur formation de base est suffisante :

Formation de base	PE	ME	PME
Générale	84 %	84 %	84 %
Technique	68 %	65 %	68 %
Commerciale	54 %	58 %	55 %
Managériale	48 %	56 %	49 %
Financière	38 %	50 %	40 %
Linguistique	38 %	42 %	39 %

« PATRON » EST MASCULIN

Répartition par sexe des patrons de PME en 1994 :

	PE	ME	PME
Femmes	8 %	4 %	7 %
Hommes	92 %	96 %	93 %

L'identité des patrons de PME
L'âge moyen du patron de PME est de 46,4 ans

Répartition par tranche d'âge :

	< 30 ans	Entre 30 et 40 ans	Entre 40 et 50 ans	Entre 50 et 60 ans	Plus de 60 ans
PE	2 %	23 %	44 %	26 %	5 %
ME	0 %	19 %	46 %	28 %	7 %
PME	2 %	22 %	44 %	26 %	6 %

Profil type des dirigeants de PME (moyenne pour *, caractéristique la plus répandue pour **) :

		PE	ME	PME
Age	*	44 ans	48 ans	46 ans
Ancienneté dans la fonction	*	11 ans	10 ans	11 ans
Nationalité	**	Française	Française	Française
Part de capital (direct ou indirect)	**	Majoritaire	Majoritaire	Majoritaire
Contexte familial	**	Entreprise familiale	Entreprise non familiale	Entreprise familiale
Statut	**	PDG	PDG	PDG
Originaire de la région	**	Oui	Oui	Oui
Niveau de formation	**	Inférieur à Bac + 2	Supérieur à Bac + 2	Médiane entre Bac et Bac + 2
Origine professionnelle	**	Salarié autre entreprise	Salarié autre entreprise	Salarié autre entreprise
Mode d'accession à la fonction	**	Création	Achat	Création

RELATION AU POUVOIR ET TYPE DE MANAGEMENT
LA FORMALISATION DE L'ORGANISATION

Structure formelle :

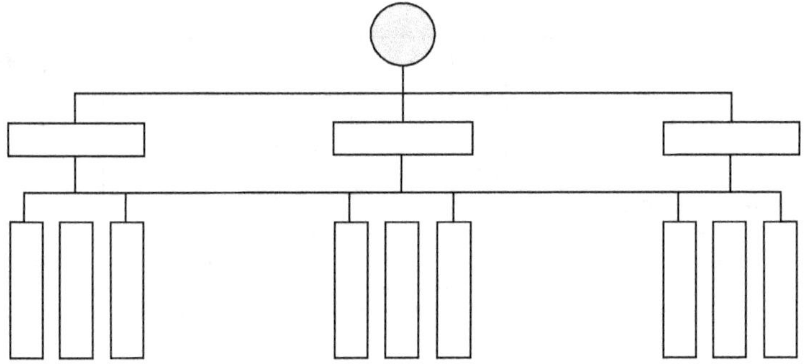

Structure entrepreneuriale :

Une étude a été menée par B. Duchéneaut sur la perception des dirigeants de la **formalisation de leur structure** : le tableau ci-dessous représente l'importance relative des structures formelles :

	PE	ME	PME
Moins de 40 %	38 %	27 %	36 %
40 % à 60 %	20 %	13 %	19 %
Plus de 60%	**42 %**	**60 %**	45 %
Total	100 %	100 %	100 %
Moyenne	53 %	62 %	54 %

Un éclairage complémentaire à l'analyse subjective des dirigeants est la mesure objective **du nombre de niveaux hiérarchiques**. Les réponses obtenues par B. Duchéneaut sont les suivantes :

	PE	ME	PME
1	12 %	2 %	10 %
2	37 %	21 %	35 %
3	43 %	58 %	46 %
Plus de 3	8 %	19 %	9 %

PATRONS DE PME AYANT UN ADJOINT :

	PE	ME	PME
Dirigeants ayant un adjoint	76 %	70 %	**75 %**
Dont à dominante technique	47 %	32 %	44 %
Dont à dominante commerciale	29 %	30 %	29 %
Dont à dominante gestionnaire	24 %	30 %	25 %
Dirigeants n'ayant pas d'adjoint	24 %	30 %	25 %

Modes de délégation

Degré de délégation (perçu) des dirigeants de PME à leurs collaborateurs directs :

	PE	ME	PME
Inexistante	1 %	0 %	1 %
Faible	8 %	2 %	7 %
Moyenne	40 %	19 %	37 %
Elevée	43 %	68 %	**47 %**
Très élevée	8 %	11 %	8 %

Part des dirigeants de PME satisfaits de leurs collaborateurs :

PE	ME	PME
73 %	81 %	74 %

Origine de la non satisfaction vis-à-vis des collaborateurs (pour les réponses non) :

	PE	ME	PME
Formation insuffisante	43 %	48 %	44 %
Expérience insuffisante	26 %	24 %	26 %
Investissement insuffisant	31 %	28 %	30 %

Réunions organisées régulièrement par les dirigeants de PME :

	PE	ME	PME
Avec les collaborateurs les plus proches	82 %	95 %	84 %
Avec l'ensemble du personnel	61 %	61 %	61 %

Durée d'absence possible du dirigeant sans conséquence majeure pour l'entreprise :

	PE	ME	PME
Un jour	7 %	3 %	6 %
Une semaine	59 %	47 %	**57 %**
Un mois	32 %	41 %	34 %
Plusieurs mois	2 %	9 %	3 %
Total	100 %	100 %	100 %

LA PRISE DE DÉCISION
ORGANISATION PERSONNELLE

Charge de travail des patrons de PME :

Nombre d'heures par semaine	PE	ME	PME
Moins de 40	8 %	3 %	7 %
40 à 50	21 %	21 %	21 %
50 à 60	42 %	46 %	43 %
Plus de 60	29 %	30 %	29 %
Moyenne	54h	56h	**55h**

Perception des dirigeants de PME sur leur quantité de travail :

Quantité de travail	PE	ME	PME
Insuffisante	12 %	8 %	11 %
Suffisante	66 %	72 %	**67 %**
Excessive	22 %	20 %	22 %

Temps consacré à la réflexion par semaine par les dirigeants de PME
(analyse, bilan, stratégie)

	PE	ME	PME	Cumul
Moins de 2 heures	6 %	2 %	5 %	5 %
De 2 à 4 heures	34 %	33 %	34 %	39 %
De 5 à 8 heures	27 %	25 %	27 %	66 %
De 9 à 15 heures	24 %	32 %	25 %	91 %
Plus de 15 heures	9 %	8 %	9 %	100 %
Total	100 %	100 %	100 %	
Moyenne	8h	8h	**8h**	

L'auto-évaluation des motivations des dirigeants

Motivation des patrons de PME (échelle de 1 à 5) :

	PE	ME	PME
L'indépendance	4,4	4,3	**4,4**
Fournir des emplois	3,3	3,4	3,3
Le revenu	3,2	3,3	3,2
Participer à l'activité économique du pays	3	3,2	3
Le pouvoir	2,4	3	**2,5**
Le statut social	2,3	2,2	**2,3**

La dévalorisation du statut et du pouvoir

Ce qu'ils veulent	Ce qu'ils ne veulent pas
Vivre une aventure	Devenir un notable
Etre appelé chef d'entreprise	Etre appelé patron
Animer une communauté d'hommes	Vivre avec des machines
Devenir des managers	Rester des techniciens
Déléguer et responsabiliser	Etre autoritaire et paternaliste
S'entourer et consulter	Diriger en solitaire

Bibliographie

Nicole AUBERT
Diriger et motiver, secrets et pratiques
Editions d'Organisation

Eric ALBERT et Daniel N'GUYEN NHON
N'obéissez plus !
Editions d'Organisation

BOURNOIS (F), ROUSSILLON (S)
Préparer les Dirigeants de Demain
Editions d'Organisation, 1998

Pierre CAUVIN, Geniève CAILLOUX
Les types de personnalité
ESF éditeur

DELIVRE (F)
Le Métier de Coach
Editions d'Organisation, 2002

DOURY (JP)
L'Art de Mener un Entretien de Recrutement
Editions d'Organisation, 1992

Daniel GOLEMAN, Richard BOYATZIS et Annie MCKEE
L'intelligence émotionnelle au travail
Village mondial, 2002

Yves ENRÈGLE
Précis de gestion sociale : le pouvoir de la manipulation à l'autorité

KATZENBACH J. et SMITH D.
Les équipes haute performance
Edition Dunod, 1994

MARTIN (B), LENHARDT (V)
Oser la Confiance
INSEP Consulting Editions, 2001

LENHARDT (V)
Les Responsables Porteurs de Sens
INSEP Edition, 1997

MALAREWICZ (JA)
Systémique et Entreprise
Village Mondial, 2000

Ian MITTROFF
In Stakeholders of the organizational mind San Francisco
Jossey Bass, 1983

Stéphanie SAVEL, Jean Pierre GAUTHIER et Michel BUSSIÈRES
Déléguer, voyage au cœur de la délégation
Editions d'Organisation

Abraham ZAHERNIK
Learning Leadership

John P-KOTTER
Leading change
ABS press, 1996

LES AUTEURS DU LIVRE

Marie-Josée Bernard

Titulaire d'un DEA de philosophie et d'histoire des Idées, et d'un DESS de Gestion de Ressources Humaines, elle exerce une activité de conseil en création, management et développement des équipes de responsables et de dirigeants, depuis 1986. Elle est également coach de dirigeants, et plus largement «d'entrepreneurs».

Elle accompagne aussi les réflexions stratégiques d'équipes de direction et d'associés, ainsi que le développement des individus dans le cadre de leur projet professionnel.

Auparavant responsable des ressources humaines et des relations sociales dans deux entreprises industrielles, elle est depuis plusieurs années professeur à l'Ecole de management de Lyon, au sein du département Management et Ressources Humaines.

C'est dans ce cadre qu'elle a développé un savoir faire spécifique et original dans le coaching des créateurs et repreneurs d'entreprise. Elle a publié des articles sur l'intelligence émotionnelle de la création d'entreprise, et sur les spécificités de l'accompagnement des entrepreneurs.

Elle peut être contactée à mj.bernard@em-lyon.com

Paul André-Faure

Diplômé de l'Institut d'Etudes Politiques de Lyon et titulaire du MBA de l'EM Lyon, il a été Directeur Général, administrateur, d'un grand cabinet français de conseil en recrutement de cadres et de dirigeants, filiale d'un groupe leader mondial des Ressources Humaines.

Il a ensuite créé sa propre entreprise de Conseil en recrutement de dirigeants et d'experts par approche directe : INNOE (Lyon-Paris) dont le siège social est à Lyon.

Il est également consultant coach, membre associé de la Société Française de coaching, à ce titre accompagnateur individuel de dirigeants.

Il intervient au MBA CPA/HEC de Lyon comme expert sur le thème «recruter un dirigeant». Il est enfin «animateur» d'un club de formation de dirigeants au sein de l'APM, Association Progrès du Management.

Il peut être contacté à pafaure@innoe.net

www.ingramcontent.com/pod-product-compliance
Lightning Source LLC
LaVergne TN
LVHW010329200726
843507LV00010B/1416